献给惬

TO ECHO

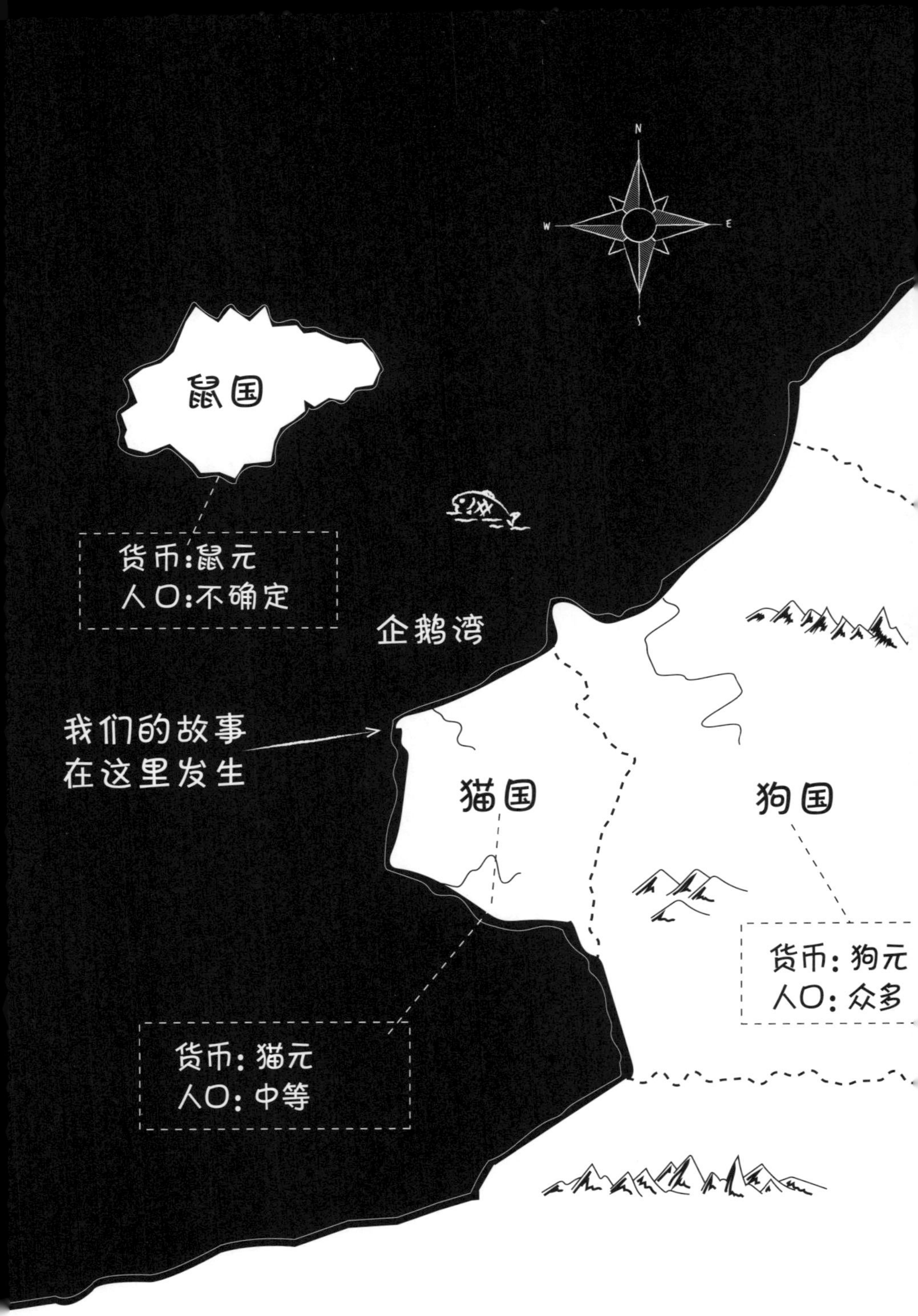
N
W
E
S
鼠国
货币:鼠元
人口:不确定
企鹅湾
我们的故事
在这里发生
猫国
狗国
货币:狗元
人口:众多
货币:猫元
人口:中等

THE CAT & THE BANKER

HOW TO GET STARTED WITH INVESTING: AN ILLUSTRATED STORY

猫和银行家

一个投资启蒙的故事

【法】纳迪尔·迈哈吉（Nadir Mehadji）◎著

何永江◎译

中国经济出版社
CHINA ECONOMIC PUBLISHING HOUSE

北 京

图书在版编目（CIP）数据
猫和银行家/（法）纳迪尔·迈哈吉著；何永江译.
—北京：中国经济出版社，2018.8
ISBN 978-7-5136-5146-2
Ⅰ.①猫… Ⅱ.①纳… ②何… Ⅲ.①私人投资—通俗读物
Ⅳ.①F830.59-49
中国版本图书馆 CIP 数据核字（2018）第 074629 号

著作权合同登记号：01-2018-5189

策划编辑 伏建全
责任编辑 孙晓霞
责任印制 马小宾
封面设计 任燕飞设计工作室

出版发行 中国经济出版社
印 刷 者 北京金明盛印刷有限公司
经 销 者 各地新华书店
开 本 880mm×1230mm 1/32
印 张 6.5
字 数 130 千字
版 次 2018 年 8 月第 1 版
印 次 2018 年 8 月第 2 次
定 价 42.00 元
广告经营许可证 京西工商广字第 8179 号

中国经济出版社 网址 www.economyph.com 社址 北京市西城区百万庄北街 3 号 邮编 100037
本版图书如存在印装质量问题，请与本社发行中心联系调换（联系电话：010-68330607）

译者序言

风险和不确定性是所有生命面临的永恒难题；储蓄和投资是解决风险和不确定性的不二法宝。人本质上是一种社会性的动物，会像动物追求收益最大化。人与人之间的差别，不仅在于收入和储蓄的不同，而且在于储蓄意识和投资理念的不同。只是，实物经济注重储蓄，货币经济看重投资。储蓄只是消费的剩余，考虑的只是“损有余而补不足”，瞄准的只是自家的一亩三分地。投资则是财富的配置，瞄准的是社会投资品的回报率和风险，怀抱的是财富增值的情怀。

许多人贫困的原因，不只在于收入水平低下，更在于生活在货币经济中，却只有实物经济的思维，不知道如何配置自己的资本，看着社会财富滚滚升值却无动于衷。许多人富裕的原因，不仅在实物经济中超前拥有了货币经济的思维，而且在货币经济中将投资理念发挥到超常的程度。投资大亨沃伦·巴菲特说：“我碰巧有配置资本的天分，但是我能利用这个天分完全依赖于我出生的社会，如果我生在一个猎人部落，我的天分就分文不值。我跑不了很快，我也不特别强壮，可能最后会成为野兽的晚餐。但是我很幸运，我出生的时代和社会重视我的天分，给我良好的教育发展我的天分，制定法律和金融制度让我做我喜欢做的事，同时挣很多钱。”

生活在货币经济中的人，要想摆脱实物经济的思维，则需要观念的转变。奥地利著名哲学家卡尔·波普尔说：“进步取决于我们，取决于我们的警醒，取决于我们的努力，取决于我们目标概念的清晰，取决于现实主义的目标选择。”**从储蓄意识向投资理念的转变，需要“放下屠刀，立地成佛”的顿悟。**《猫和银行家》给予读者这种顿悟的感觉。

在这本严肃而又幽默的投资启蒙书籍中，纳迪尔·迈哈吉向我们展示了一个五彩缤纷的投资世界，告诉读者如何在股票、债券、房地产、外汇、商品、艺术品、收藏品、古董、黄金、基金的投资世界之中确保我们财富的保值和增值，并使风险最小化。

迈哈吉是一位在伦敦和新加坡工作的投资银行家，拥有法国最负盛名的巴黎高等商学院金融管理专业的科学硕士。迈哈吉也是一位著名的摄影师，深度耕耘于战略设计和创新领域。他在“设计思想”讲习班中，对各种组织讲解改善创新过程的思想。这种将创新和金融投资结合起来的独特人生经历，让他认识到，技术创新是社会财富增值的源泉，而投资则是个人财富保值和增值的最佳手段。

迈哈吉写作《猫和银行家》的原由是，他发现在对金融理解上，其他行业的朋友与他所在的投资银行业有一定的差距。尽管每一个人都需要做出投资决策，但是，并非每一个人都有深厚的金融素养。迈哈吉希望将复杂的、非常令人困惑的投资问题变得简单、可理解，真是对投资启蒙者的馈赠。长期沉浸在金融业和创造性的艺术领域两个世界，给予他一个独特的视野来消除投资专业人士与普通大众在理解方面的差距。随着阅读的进行，您将会感到这种独特视野的魅力。

《猫和银行家》讨论了一个遭到忽视但又很普通的问题：如何开始投资！ 没有专业人士的指导，我们可能会陷入投资大海的无数漩涡之中。不仅找不到前进的方向，而且还会将我们的财富沉没在大海之中，任由有名的或无名的金融大鳄宰杀。

该书提供了一个学习如何思考金钱的机会。这些金钱的问题包括：

既想投资但又不知道从何开始；

既不知道投资什么，也不知道投资产品的收益与风险如何区分；

既不知道利率风险、通货膨胀风险和经济衰退的风险，也不知道政策风险、金融系统崩溃的风险和外汇风险；

既不知道风险对财富配置的影响，也不知道风险如何影响收益的变化；

既不知道纸币没有内在的价值，也不知道货币政策对自己投资的影响；

既不知道财务杠杆是一把双刃剑，也不知道基金是如何运营的。

我们对这些问题迷惑不已，始终缺乏投资的信心。面对金融产品的推销者，我们无所适从，只能让我们的财富默默流泪。

因此，**该书就是您的财务顾问。** 财务顾问的职责就是将投资知识与投资者的决策目标和所拥有的投资资金相结合，并提出最佳投资组合的相关建议。财务顾问必须诚实、客观、中立。但是，有些财务顾问也会利用所掌握的独特信息来获取高昂的佣金，为投资者逆向选择投资产品，甚至在管理投资者的资金时采取存在道德风险的利己主义。

这本关于投资的书，读起来像一个故事。您不仅可以在猫国的经济中看到狮子和美洲豹主宰投资银行，而且也可以看到小猪行和狗盛行合并成比特犬银行；不仅可以读到肥鱼公司、瘦鱼公司、毛狗公司这样的企业，而且可以读到猫国证券交易所、维猫网站、猫证 40 指数这样的幽默名称。不要忘了，还有风趣和机智的插图，让复杂的思想变得更加简单、可理解。

书中关于苏格拉底和他的银行家的诙谐故事以对话的形式，形象地描绘出了在一个猫狗的世界中猫狗的逐利本性。书中的诙谐和幽默无所不在。例如，智慧之神苏格拉底却成了一个对投资一无所知的人，光明之神阿波罗却成了技术创新的代表，拳王泰森成了不会投资理财的代名词，牧羊人谢泼德成了剪羊毛公司的首席执行官，美国评级机构标准普尔成了“异常离奇”的机构，投资银行高盛成了“狗盛”银行。这样的幽默让阅读轻松自在，让该书成为您所需要的第一本甚至最后一本金融书籍。

有了这本书籍，您的投资就可以起航了。时刻记住：投资没有灵丹妙药，要不断增强自己的金融理解力，以便按自己的方式自主投资。

何永江
2018 年 4 月 15 日

目录
CONTENTS

1

引言

休斯敦，我们有问题了

THE CAT & THE BANKER

苏格拉底·猫正趴着酣睡，一个短信通知“叮”的一声惊扰了他的睡梦。他翻身起来，睁开一只眼睛，看着闪烁的消息：“最后警告：您的账户再一次超支，请马上还款！”他想了一会儿，然后再次睡着了。

一年前，苏格拉底从他的叔叔阿波罗那里继承了一笔遗产，他的生活发生了天翻地覆的变化。① 他们两人之前的关系一直很亲近。阿波罗是一位成功的技术专家，发明了机器猫（Catbot）——一种会说猫语的人工智能设备。机器猫让猫科动物在无需打字的情况下，就可以借助他们的语音电话进行互动。这真是猫国的一项革命，一项蓝牙技术的重要升级！猫国虽是一个小国，却有着欣欣向荣的经济，但值得注意的是银行业气球般的膨胀。这项发明，让阿波罗一夜成名，当然也让他赚了大钱。

阿波罗的遗嘱说，他要将他的财产传给他的侄子苏格拉底，他最亲近的家人。这就是苏格拉底继承15万猫元这笔小财富的来由，而猫元是猫国的当地货币。苏格拉底的生活一夜之间发生了变化。在此之前，苏格拉底一直是一位自由设计师，而自由职业工作者的生活总是很艰辛的。现在，即使不工作，肥鱼、

---

① 阿波罗指阿波罗号飞船，因为阿波罗号飞船出了技术性问题，航天员曾向休斯敦指挥中心发出紧急信号“休斯敦，我们出了问题！”

老鼠幕斯和牛奶花蜜也都是他的日常饮食。

但是，好景不长。当苏格拉底最终站起来时，他很不情愿地看了看他的财务状况。他的储蓄图表，看起来就像一艘正在沉没的船只。在此之前，苏格拉底确实享受了美好的生活。毕竟，他只是一只猫。他想起了前爪击冠军猫克·泰森。[1] 泰森挥霍了一笔更大的财富，现在生活得像一只流浪猫。苏格拉底清楚，这不是他要走的路。如果他想要一个舒适的未来生活，他就必须改变现在的生活状态。他需要让他的钱升值。

当苏格拉底掏出他的钱包时，一张照片滑了出来。那是与遗嘱放在一起的一张他和叔叔的照片。当照片面朝地板躺着时，苏格拉底注意到照片后面的一张简短的便条，他之前从未注意到。阿波罗写道："别乱花钱，要投资！"他还强调："要打电话给小猪行（Piggy Bank），唯一一家声誉相当不错的银行。与财务猫主管约定一个时间。"

"是这样的吗？"苏格拉底想。

苏格拉底给这家银行打了一个电话，解释说他正考虑将一笔钱用于投资。办事员回答道，他们很乐意讨论他的财务状况。

这就是苏格拉底·猫开始投资历险的来由。他约定在第二天到访小猪行。

---

① 这是对拳王迈克·泰森的讽刺。泰森在 20 岁时就成为重量级拳击冠军，获得了超过 3 亿美元的巨额财富，并开始放纵自己的欲望，最后一贫如洗，欠下了 4000 万美元的巨债。——译者注

2

老鼠的礼物

通货膨胀

THE CAT & THE BANKER

苏格拉底在小猪行受到了热烈的欢迎。他被领到一间沐浴在阳光中的会客室。一瓶高高的名牌牛奶摆放在桌子上。

苏格拉底在途经银行的路上，顺便到食品店买了几个鱼罐头，将他的食品放在身边的座位上。

“很高兴会见您，猫先生”，银行家一进到屋里，就很有风度地说。“我怎么称呼您呢?”

“您可以叫我苏格拉底。”

“我是盖世猫（Catsby）。”①

盖世猫在猫国是一个不同寻常的景象。他其实是一头狮子。“我获悉，您想要做一些投资。”他说。

“我想要投资大约 10 万猫元。但是，我的知识有限，不清楚如何着手处理投资。我不知道从哪里开始。我希望，您能给我提供一些帮助。”

“我很高兴您的到来，”盖世猫说，“您知道，苏格拉底，有一段时间，我自己也不算是一个投资者。但是，在我了解了六种不同类型的投资和投资最佳时机之后，我就变成了一个善于

① Catsby 是对盖茨比的戏称。

投资的人。在我给您指点诀窍的时候，我们会谈到那一点。

“但是，凡事有轻重缓急。当谈到用金钱实现他们想要的东西时，每一个人都有它们自己的目标。

“我的作用就是试图理解您的目标是什么，然后帮助您做出您感到满意的投资决策。

“一般而言，到这儿来的猫们寻求三件事之一或者这三件事的一个组合。

“第一件事：保有财富的价值；

“第二件事：获取固定收益；

“第三件事：实现财富增值。

“您需要想一下，您想要实现这三件事中的哪一件？现在请告诉我，有钱让您感觉如何呢？”

“它给我内心的宁静。”苏格拉底回答道。

“金钱让您感觉有保障，是吗？将金钱存放在一个靠近我们的隐秘地方是很有诱惑力的。就像您所知道的隐藏在一个纸板盒、毛线球或者银行账户之中。但是，如果我们的钱不做投资，随着时间的流逝，它就会损失价值。”

“将金钱存放在一个安全的地方，我怎么会损失它呢？”苏格拉底问。

盖世猫看到椅子上的食品袋，里面装着苏格拉底刚才买的东西。“我可以问一下，这些鱼罐头您支付了多少钱吗？”

“每罐 2 猫元。”苏格拉底回答道。

“您认为，五年前一罐值多少钱？”

“大约 1 猫元吗?”

“看来您记性不错。因此，明显可以看出，价格在上涨，对吗?”

苏格拉底点了点头。

“换个角度说，罐头本身的价值没有发生变化，一罐头鱼仍然值一罐头鱼。

“但是，您的金钱现在只值原来的一半，今天同样的猫元只够您买半个罐头。换句话说，猫元的价值萎缩了。”

苏格拉底这才理解了其深意。

“这里有一个描述价格上涨现象的词语，就叫做**通货膨胀**。正如通货膨胀测量价格上涨的速度快慢，通货膨胀也衡量您的货币价值贬值的速度。”

苏格拉底看起来甚为关注。“您如何测量通货膨胀?”他询问道。

“猫国的通货膨胀率在去年为 2%。这意味着，物品的价格平均比一年前贵了 2%。但是，由于您有储蓄，对您来说真正重要的是，随着时间的流逝，通货膨胀将使您变得越来越穷。”

盖世猫拿出一个笔记本电脑，画了一张图。“被通货膨胀咬一口可是很凶险的。如果您对您的钱不闻不问，以年通货膨胀率 2% 计算，在 10 年间，您的 10 万猫元就只值 8.2 万猫元了。如果通货膨胀率增长更快，比如增加到 5%，您的 10 万猫元在 10 年间就只值大约 6 万猫元了。10% 的通货膨胀率，就会让您的 10 万猫元在 10 年内贬值到小于 4 万猫元。

通货膨胀侵蚀储蓄

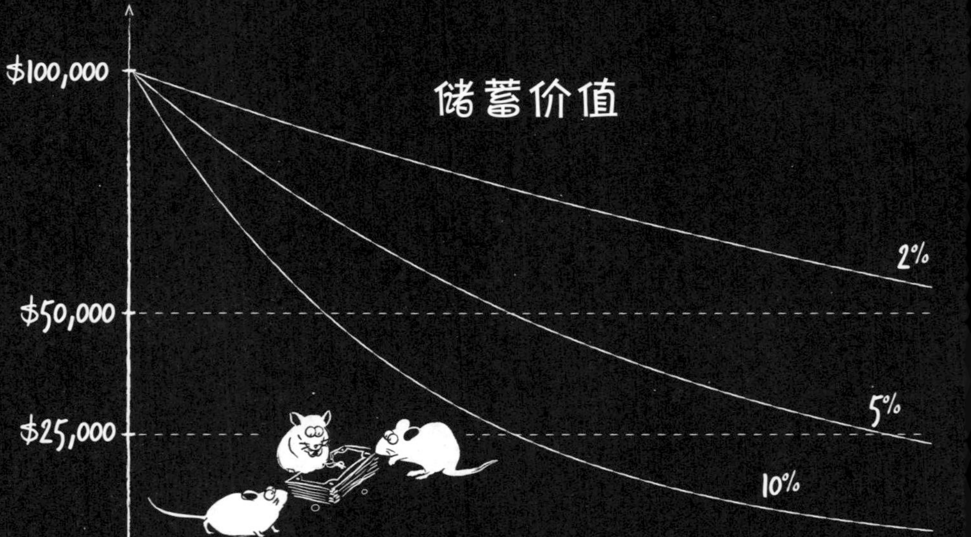

通货膨胀可以悄无声息，但是，它的影响是真实的。在通货膨胀时期，把金钱抓在手里不是一个好主意。”

“在通货膨胀中损失金钱听起来是很卑鄙的，”苏格拉底说道，“这就像把钱给老鼠啃一样。我想要我的储蓄增加，而不是减少。”

“那么，我们需要找到让您的金钱的增值速度至少得与未来的通货膨胀率一样的方法，以便保证您目前拥有的储蓄的价值。我们需要找到比仅仅持有猫元更好的保值方法。”

苏格拉底心事重重，这是他第一次思考金钱的问题。既然他有储蓄，他就不得不为看着它们蒸发而担忧……

“如果您愿意，明天我们会面细聊。”盖世猫说。

如何开始投资

- 旅程图 -

1. 了解您自己的目标和状况

2. 了解投资的构成要素如何运行？它们是干什么的？

3. 了解构成要素是如何对经济的预期作出反应？它们如何与您自己的目标相匹配？

4. 从小的投资开始，尝试，找出您对什么感觉舒适然后按您的方式进行投资

（不要担心，盖世猫将带领您完成这些步骤）

3

菜单

投资组合、收益和资产类型

THE CAT &
THE BANKER

苏格拉底第二天再次来到小猪行，盖世猫正在等着他。

“我考虑了一下我的目标”，苏格拉底说，“我想让我的金钱增值，我也想从中获得一些收益。我该怎样投资我的10万猫元呢?”

当他听到这样的提问时，盖世猫微笑着。“我们拥有一套完整的投资产品工具箱供您选择。让我来展示给您看。”

盖世猫拿出一个文件夹，将一份文件放在苏格拉底面前。文件夹上写着：“投资组合的构成要素”。

“什么是投资组合呢?”苏格拉底询问道。

“投资组合就是我们用来描述一套投资产品的词语。

目前，您的投资组合是由您持有的10万猫元现金组成的。换句话说，您已经在投资了。只是您将所有的钱都投资在现金上。但是，经过一段时间，您可能会决定将现金的一部分，转换成其他类型的投资产品。

您可以将您的投资组合想象成一个钱包。在其中，您掌握着您投资的所有东西。”

“我怎样着手创建一个投资组合呢?”苏格拉底继续问道。

“我们将需要选择适合您的投资。但是，任何投资都有两面性。投资选择的就是在您预期获得的收益与要承担风险之间的一个权衡。”

“收益究竟是什么意思呢?”苏格拉底坦率地问。

“当我们投资时，我们的目标就是要在投资的金钱上获得利润，对吗?

但是，我们需要一个客观的衡量标准，来衡量我们投资的绩效。

收益就是我们在一段特定的时期内所赚取的利得或遭受的损失，占我们最初投资金钱的一个比例。”

“我明白了”，苏格拉底说。

盖世猫继续说道：“一笔投资的收益有两个组成部分：收入和资本利得或损失。

比如说，您用您的10万猫元购买了一套公寓房。您设法将它租了出去，第一年获得了4000猫元的租金。

在年末，您设法将这套公寓房卖了11万猫元。

您的这笔投资的总利润应该是：

——4000猫元的租金。它算作“收入”，因为它是在您拥有投资时收到的钱。

——以及出售公寓房的1万猫元利润，它算作“资本利得”。资本利得或损失就是投资者在最终出售投资时，与他最初支付它的价格相比，所赚取的利润或遭受的损失。

这就是从您最初投资的10万猫元中所获得的，包括收入和资本利得在内的1.4万猫元的总利润。

您的年收益率就是这两个数字的比率：14%。”

收益的两个部分……

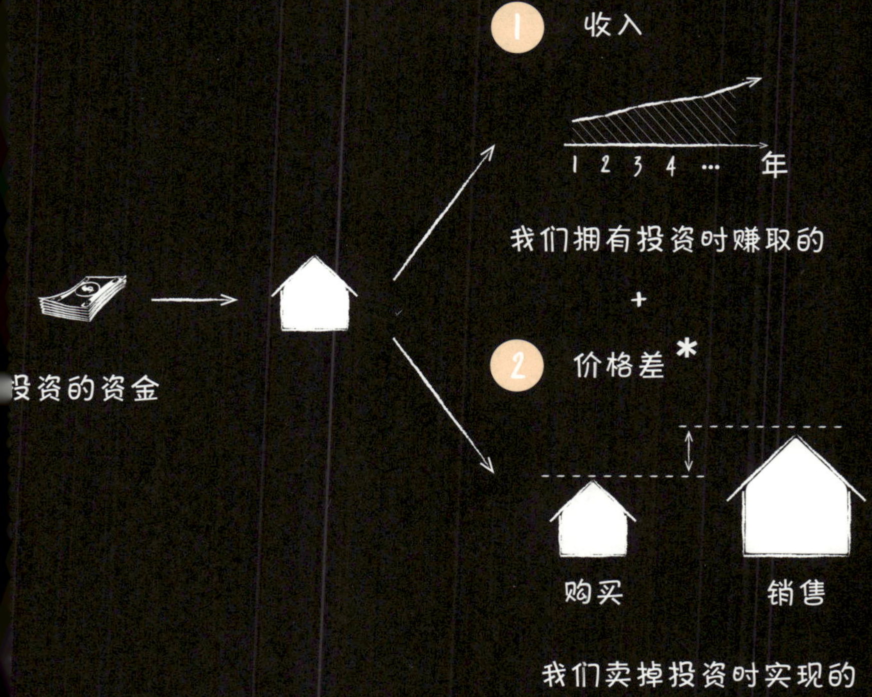

* 技术用语叫做“资本利得或损失”

“我明白了”，苏格拉底说。

“但是，有一件事”，盖世猫补充说。“如果您还记得，我们昨天谈过通货膨胀的危险。”

苏格拉底点了一下头。

“真正重要的投资收益不是表面收益。关键的是，在扣除通货膨胀效应之后您赚取的净收益。”

苏格拉底看起来迷惑不解。

“去年您在银行的储蓄中挣了多少钱?”盖世猫问道。

“大约 2.5% 的利息率”，苏格拉底回答道。

“但是，去年的通货膨胀率是 2% 。因此，您的财富并没有增长 2.5% 。

考虑到生活费用现在平均贵了 2% ，您的银行账户的财富只是增长了 0.5% 。这是您赚取的利率与去年的通货膨胀率之差。

这个 0.5% 的净收益就叫做真实收益，与 2.5% 的表面收益相对应。

许多投资者忘了表面收益与真实收益之间的差别。表面收益有时给予更富裕的表象。但是，只有考虑真实收益时，我们才知道我们是否更加富裕。”

“确保收益真实……”苏格拉底想了想。

“您要向我展示的文件是什么样的呢?”他问道。

“投资组合的构成要素吗? 请看第二页。”

苏格拉底翻到了第二页。它看起来像一份菜单，在一个下划线的标题上写着“资产类型”。

确保真实……

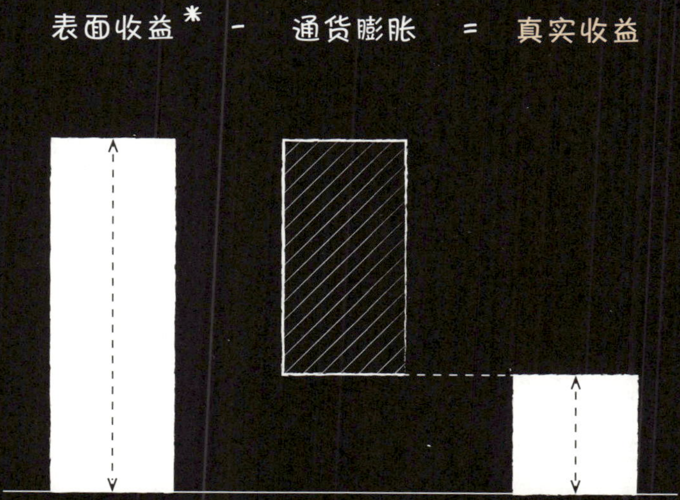

* 表面收益的技术用语叫做“名义”利益

“什么是资产类型呢？”苏格拉底问道。

“资产就是您拥有并有价值的东西。它只是投资的另外一个名称。

在不同资产类型中组织投资，是一种根据投资共有的特征和行为划分不同资产类型的方式。

例如，土地的投资与房屋的投资非常接近，因此，它们就被划入不动产这一类别。”

“就像不同的整理吗？”苏格拉底问道。

“就像不同的整理”，盖世猫肯定地说。

苏格拉底快速地浏览了一下目录，他对许多资产类型的名称都很陌生。

“这些资产类型听起来就像外国的鸟。”

盖世猫笑着说。“我们现在一起详细讨论这个目录。但是，没有必要记住每一个细节。先熟悉这些名称，迟早有用。”

盖世猫开始阅读：“资产类型有如下几种：

1. **股票：**

股票就是对一家公司的所有权份额。股票授予投资者获得公司赚取利润的一个份额的权利。公司支付给投资者的利润份额就叫做股利。股票也通常叫做股份或权益。

2. **债券**

债券就是贷款。它们根据一个预先规定的计划，定期地向投资者支付息票的固定金额的钱。

债券有两大类。政府债券是投资者将钱借给一个国家，而

投资组合的构建要素

资产类型

1. 股票
2. 债券
3. 不动产
4. 货币
5. 商品
6. 其他保值方式

公司债券则是投资者将钱借给一家公司。

3. **不动产**

不动产包括土地和建筑物，向投资者提供租金。不动产也叫做房地产。

4. **货币**

货币是一个特定的国家发行的钱。不同的国家有不同的货币。猫国的国家货币就是猫元，而狗国这个邻国使用狗元。

5. **商品**

商品是制造业消费或使用的原材料，如农产品、金属或能源。

6. **其他保值品**

其他保值的方式就是有价值的物品，如艺术品、古董、珠宝、收藏品或像黄金这样的贵金属。

盖世猫折叠好文件，放在衣袋里。

“我可以在这些资产类型的任何一种中投资吗?”苏格拉底·猫问道。

“如果您想要这样，可以”，盖世猫回答道。“但是，我们应该先研究一下它们是如何运转的。这样，您就可以明白哪一种资产类型更加适合您，以及从每一种资产类型中您期望得到什么。

而且，您之前提到，您的投资目标是资产增长和获得收益。然而，这只是其中的一部分。投资并非一刀切，它需要根据您自己的情况量身定做。因此，我们在下一次会见中做点测试。”

4

行啦，计算机

个人状况、滚雪球与神奇数字69

THE CAT & THE BANKER

苏格拉底又来到银行，渴望知道更多的东西。他已经看过了投资菜单。然而，盖世猫还不打算让他下单。

“您准备好测试了吗?”盖世猫问道。

“准备好了。但测试什么呀?”

“这个小测试将帮助您做决择，根据您的个人状况，明确哪一种投资更适合您。不同的投资包含不同的风险类型和风险水平。”盖世猫站了起来，走到屋角的一台计算机旁边。“请和我一起到计算机旁边来。我们需要回答几个问题。”

它看起来像一台老式的计算机。苏格拉底看起来很迷惑，不知道怎样使用它。

盖世猫说：“对不起，您需要使用键盘，鼠标会不断乱跑。”

计算机屏幕显示的第一个问题是：“按照偏好排序，您更关心：最大化收益，最小化损失，或者两者并重?”

盖世猫解释说：“这就是要了解，如果您损失了钱，您将如何反应。这里没有正确或错误的答案。但是，如果您知道您憎恨损失，您最好不要进行收益波动巨大的投资；同时，您要寻找潜在利得和损失波动幅度较小的投资。也就是说，不建议您拿承担不起损失的钱进行投资。”

苏格拉底想了一会他的答案：“我不厌恶冒险。同时，既然我有些储蓄，我要尽可能地保存它们。如果我全部损失了它们，也将对我造成伤害。因此，最大化收益和最小化损失并重就是我最希望的答案。”

下一个问题是：“您的年龄是多少呢？”

盖世猫说：“年龄在评估您要承担多大风险时是一个重要的考虑因素。年轻时，我们承担得起较大的风险，时间是我们的朋友。然而，随着我们变老，我们也变得更加保守。当我们在以后的生活中损失金钱时，我们可能不再有时间或机会去弥补它。因此，随着我们年龄的增长，逐渐将我们那些风险较大的投资转换为更加安全的投资，是一种审慎的做法。但是，我想，这不是您迄今关心的问题，苏格拉底，您依然是一只非常年轻的猫。”

苏格拉底咧着嘴笑起来。

计算机嘟嘟地响了起来。“您的投资期限是多少呢？”盖世猫又重新表述了一下这个问题：“在收获投资果实之前，您打算等待多长时间呢？”

“大致十年？但是，与此同时，我也想要获取一些收入。”

“那很好。十年能给我们足够的时间，”盖世猫说。“投资期限越长，我们可以承担的风险就越大。如果一笔投资的价格暂时下降，我们也许有时间等待它复苏。然而，面临较短投资期限的投资者，就可能被迫亏本出售。只要我们坚守那些我们最初进行这些投资的逻辑和观点，我们也有能力应付，不让投资价格的短期摇摆影响我们的心情。”

“您打算居住在猫国吗?” 计算机继续询问下一个问题。

“真是吵闹的程序。” 苏格拉底思考着。“我的计划还没有定下来。但是，就目前而言，我打算居住在猫国。为什么计算机要这么问呢?”

“我们需要确定您的本币”，盖世猫说。

“我的本币?”

“就是要明确您的投资收益要用哪种货币来计算。一般而言，您的本币就是您用来投资的钱和您平时消费的货币。因为您计划居住在猫国，所以，您的本币就是猫元。”

但这并不防碍您在国外投资。例如，我们邻国，狗国的经济最近就发展得很好，您可以考虑在那做些投资。

但是，我们为什么要明确本币的原因是这样的：如果您决定在狗国投资，我们需要注意猫元与狗元汇率的波动。货币汇率波动会影响您的收益。”

苏格拉底按了一下“给我答案”的键，以便明确他的测试结果。这台计算机一边打印一张票，一边发出一阵嗡嗡的古怪吵闹声。

“行啦，计算机……是一个 7 吗?” 盖世猫说。

“这是什么意思呢?”

“按照 1 到 10 的等级，1 表示对风险的最保守态度而 10 表示最无畏的态度，计算机认为您可能是 7。它表明，您可以承担中等的风险。知道这一点能帮助我们决定哪一类的投资更适合您。”

他们返回到会议桌。

“您来一点猫饮吗?”盖世猫问道。

“不，不，谢谢。”

“您很幸运在这样年轻时就有这笔钱进行投资，苏格拉底。”

“为什么这么说呢?”

“当金钱能赚取收益时，时间就是您的朋友，因为收益以一种有趣的方式为您工作。”

盖世猫抓起桌子上的笔记本电脑，画了两条线。一条是上升的曲线，另一条是直线。

他指着上升的曲线说:“如果您做了正确的投资，随着时间的流逝，您靠这笔钱赚取的收益不是以直线增长。它们会加速，像滚雪球般越滚越大。我们通常使用‘复利’这个词，但雪球也是一个好的形容。”

“如何操作呢?”

“比如说，您设法每年赚取 10% 的投资收益，10 万猫元在一年之后就变成 11 万猫元，对吗?

然后，您需要做出一个具有重要意义的决策：是否将收益再进行投资。”

“为什么呀?”

“如果您决定每年花费收益，而不是再投资它们，您每年会赚取 1 万猫元，在 30 年期间赚取 30 万猫元。在 30 年之后，最初投资的 10 万猫元依然只有 10 万猫元。”

“好吧。”

再投资收益的
滚雪球效应*

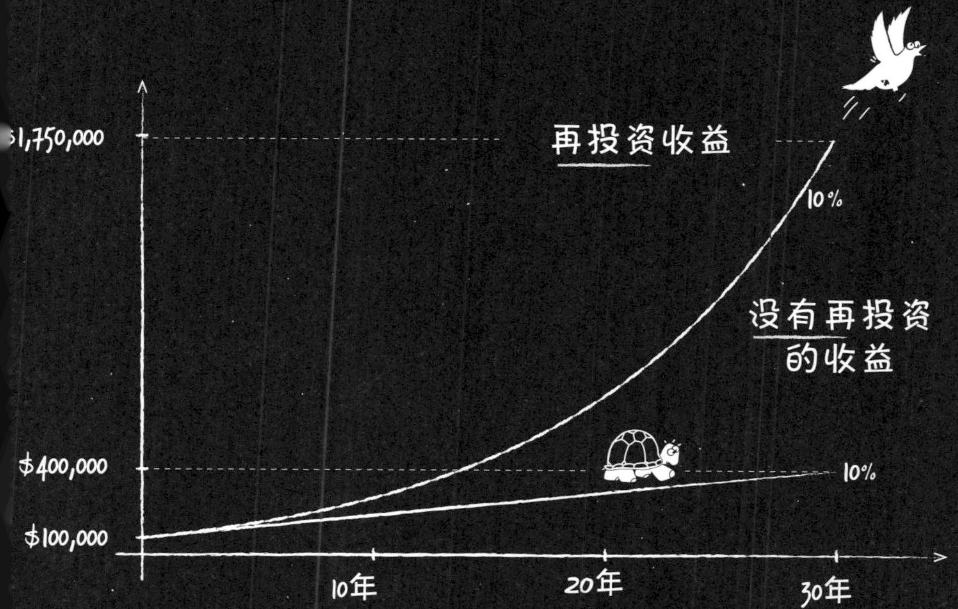

*滚雪球效应的技术用语就是“复利”

“如果您决定再投资第一年赚取的收益，而不是花费它，那么第二年，您将不仅是在最初 10 万猫元上赚取 10% 的收益，而且也会在您再投资的 1 万猫元上赚取 10% 的收益。新收益将在旧收益上逐步增加。

如果您在 30 年期间始终如一地这样做，那么，按照稳定的年收益率 10% 计算，10 万猫元的投资就会增长差不多 17 倍……它就会变成 1744940 猫元！

在足够长的时期内，收益的滚雪球效应甚至就能将一笔很小的资金增长为一笔巨款。”

“听起来棒极了……”

“这也是为什么早期投资和赚取缓慢但稳定收益的策略，有时可能比在一年快速挣钱而在另一年损失钱的策略更好。当结合收益的复利效应时，设法避免亏钱就可能非常有用。”

“如果我每年再投资收益，我的 10 万猫元翻倍需要多长时间?”苏格拉底询问道。

“这很简单。我教给您点小窍门——神奇数字 69。

比如说，您赚取了 2% 的年收益率并再投资了收益，为了计算您能让 10 万猫元以多快的速度变成 20 万猫元，您只要简单地将神奇数字 69 除以收益 2。”

“那将会是大约 35 年吗?”苏格拉底说。

“确实如此。如果您想赚得更多一点，比如 5%，您只需简单地将 69 除以 5。那需要花费大约 14 年。

如果您赚取 10%，会怎样呢?”盖世猫问道。

“69 除以 10 吗?” 苏格拉底说。

“对了，大约 7 年。容易不?”

“我喜欢这样。”

苏格拉底与盖世猫没有注意到，夜幕降临了，会议室现在更暗了。

“太晚了。下次会见时，我们将开始更加详细地研究资产的类型。”

这次会见让苏格拉底大开眼界。在继承了阿波罗的钱之后，苏格拉底曾认为，投资将会是直截了当的事情。他不要咨询一位财务顾问做什么，然后自行解决投资的问题。现在，他意识到，有许多因素需要考虑到。这就像他打开了一个万花筒，别有洞天。

5

幕间休息

做梦去吧

THE CAT &
THE BANKER

苏格拉底第二天无法会见盖世猫。他同他自己的一位客户有一个约会，来推销一个令人兴奋的设计项目。

这位客户就是毛旺（Wools Woof），一家狗国的公司。他们专门生产绵羊毛织的球，猫们都喜欢，因此，猫国是一个很大的目标市场。

这个项目的内容是，为产品设计一个新的徽标。这个徽标要传达活泼可爱、娱乐无限和创新项目的理念。

苏格拉底拜会了首席执行官希尔曼·谢泼德（Herman Shepherd）和他的四位助手。①

苏格拉底激情夸张并神气十足地展示了他的设计理念。他介绍了他的创作过程并展示了样品，以及毛旺可以通过其产品线复制他们的多种方式。

谢泼德看起来非常满意，这个团队的其他成员也如此。但是，氛围稍微有些不对。

谢泼德打破了令人不安的平静："苏格拉底，我们真的印象深刻。实际上，这是真的设计得很好。您的徽标幽默风趣，别出心裁，预算也和我们大略估计得差不多。"

---

① 谢泼德（Shepherd）本义是牧羊人的意思，现在成为以剪羊毛为生的毛狗公司的首席执行官。真是一个颠倒的世界！

“但是……”苏格拉底已经为一个蹩脚的借口担忧了。

“这是一个大型项目，构思非常庞大，所以我们需要知道，您将如何实现它们。请您告诉我，您的团队有多少成员?”

“只有我。但是，我以前单独成功地管理过类似的项目!”

“我们不想您把时间弄得太紧。”谢泼德说。

“我的时间很有弹性。”

“听着……要适度。这外面是一个艰难的世界。为什么您不扩充团队成员呢，苏格拉底? 欢迎您参加我们下一个项目的竞标。”

首席执行官和他的助手离开了房间。

苏格拉底感觉非常抓狂，真想拆毁整个房间。但是，他想起了妈妈说的话“要冷静，苏格拉底，要冷静。”并设法做了几个瑜伽呼吸。

于是，他想:“直面现实吧……下一次。”

6

最合适的工作配备最合适的工具

权益与债务

THE CAT & THE BANKER

“狗一样的生活。”苏格拉底一边抱怨着，一边朝着与盖世猫会见的地方走去。

“您介意我们一起散散步吗？”盖世猫看到他的客户来了问道。与苏格拉底不同，他似乎心情很愉快。

苏格拉底并不介意。事实上，在前一天的事件之后，散散步是一件他愿意的事情。于是，他们出去散步了。盖世猫停下来买了一份《黑猫纪要》的当地报纸。头版全是关于肥鱼公司这家著名鱼罐头制造商的报道。他们公司正在庆祝二十五周年纪念日。

“您曾经经营过公司吗？”盖世猫询问苏格拉底。

“我经营我自己的设计工作室。但是，它大多是一场‘独猫戏’。”

“设计？那么，我想您还没有筹集资金的需要，以便扩大您的生意？”

“好吧，直到……昨天，似乎都没有必要。”苏格拉底承认道。“我也没有想过我如何筹资。”

“未来您可能会发现这很有用。让我告诉您，其他企业主需要外部融资来扩大他们的生意时，他们在干什么。”

“这与我的投资有关吗？”

“非常有关。”盖世猫一边说，一边打开报纸。“您了解肥鱼公司吗?”

“这谁不知道呀!”

“我喜欢他们，”盖世猫说。“一旦我们返回办公室，我就告诉您肥鱼是如何变成一家大型公司的。然后，您就会明白，股票和债券这两种最普通的资产类型，是如何经由企业的发展和融资产生的。”

他们掉头回到银行。

“两位创始人创建了肥鱼公司。”盖世猫说。

他们在这办公室附近的港口，开办了他们的第一家肥鱼加工厂。

生意发展得非常快。不久，两位创始人意识到，他们需要更多的钱，来为他们的扩张融资。

当肥鱼公司再投资的最初利润不再足以维持增长时，创始人们寻找外部投资者向他们的企业投入金钱。

肥鱼采用两种类型的融资来筹集资金。

一种叫做股票，是来自想拥有公司股份的投资者的钱。

另一种叫做负债，是来自同意在一个固定的时间期限内出借的投资者的钱。

随着时间的流逝，肥鱼利用了这两种融资手段来为它的扩大经营进行融资。

盖世猫拿出一张纸，画了一个盒状图，在中间垂直撕开它。

“您可以像这样来理解这家公司。”他说。

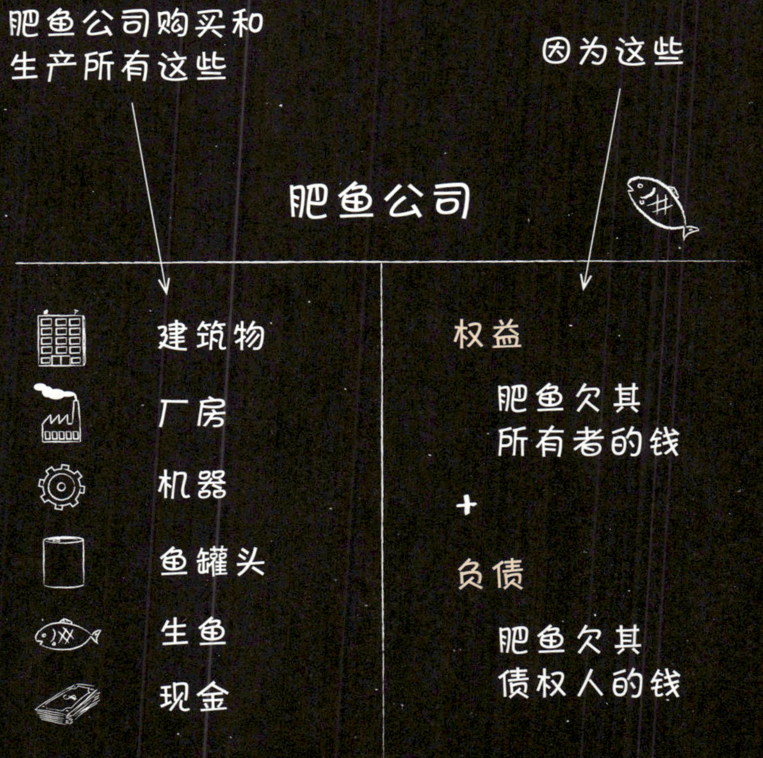
肥鱼公司购买和
生产所有这些
因为这些
肥鱼公司
建筑物
厂房
机器
鱼罐头
生鱼
现金
权益
肥鱼欠其
所有者的钱
+
负债
肥鱼欠其
债权人的钱

“左边代表的是一家公司所拥有的资产。右边代表的是公司所欠的债务。

权益和负债都在右边，因为最终公司欠投资者钱，而投资者给予了公司这些财务资源。”

“肥鱼如何发行权益和债务呢?”苏格拉底询问道。

“为了筹集权益，肥鱼的创始人们在名义上出售其公司的股份。想要拥有企业股份的投资者们可以用资金来交换拥有公司的一部分。他们可以购买‘股份’。

股票是一种所有权凭证，以此证明投资者拥有公司的股份。这就是一家企业的所有者也叫做股东的原因。”

“那合情合理。负债如何呢?”

“肥鱼也借钱来为其业务的发展融资。刚开始时，他们需要相对较小的资金额。于是，肥鱼从提供贷款的银行借钱。

随着肥鱼为维持其不断增长的业务而开始借贷越来越大的资金额时，他们就不可能再单独依赖银行获得贷款。

于是，肥鱼公司也开始从像你我这些个人投资者借钱。他们通过发行债券来做到这一点。”

“什么是债券呢?”

“债券就是分割成小份额的贷款。

这样，任何投资者，不仅仅是银行，不管是多小的投资者，都能借贷资金。”

“聪明呀！那么，债券持有者是贷款人吗?”

“完全正确。当投资者购买债券时，他拥有更大规模贷款的一个部分。

但是，与股东不同，债券持有者不拥有企业。他们只是暂时借贷资金，以便换取未来偿还的承诺，以及在此其间支付一定的利息。”

“我明白了其中的差别。”

“要注意的是，投资行业的很多术语会让人迷惑。

许多术语交互使用。要记住，‘权益’对应的是‘股份’和‘股票’，‘贷款’和‘债券’两者都是债务的形式。”

“好的。”

“我为什么稍微绕了一个弯来解释肥鱼公司如何实现增长是有原因的。明白了股票和债券如何与业务相关，应该对我们以后理解股票和债券的价值为什么随着时间的变化而变化有所帮助。

投资并不是与经济事件毫无关联，而且恰恰相反。

许多金融产品从构造上讲就与实体经济息息相关。尽管如此，金融产品有时也有它们自己的生态圈。

这看起来自相矛盾。但是，在适当的时候，我将解释这其中的原委。这与预期有关。”

“当然可以。你刚才说，股票和债券是最普通的资产类型。它们是最好的资产吗?”

“它们是平常最常见的资产类型。但是，没有任何资产类型在本质上比其他资产类型更好。

您可以将资产类型想成工具。它们是适合于不同工作的工具。您想要做什么工作，就选择什么样的工具。”

“工具用来做什么，能举个例子吗?”苏格拉底问道。

“还记得收益有收入和资本利得两个组成部分吗?

不同的资产类型提供不同比例和不同风险水平的潜在收入和资本利得。

例如，像债券或不动产这样的资产类型，能提供固定收入；其他资产，如股票，则提供不稳定的收入。然而，其他资产，像商品，则根本不提供收入，所有的收入都是关于预期的资本利得。”

盖世猫画了一个表格，列举了不同资产类型的收入和再出售价值。

“除此之外，不同的资产类型在不同的经济状况下扮演不同的角色。因此，您也可以将资产类型看作是表达您所预期的一系列特定经济状况观点的工具。

但是，我们在以后会更详细地谈到这些。”

苏格拉底认识到，盖世猫看待金钱的世界是不同的。如果盖世猫是一个角色扮演游戏中的人物，那么，他就会将投资看作不同类型的武器，每一种投资类型都有其特定的优势和劣势。

一些武器的设计是为了进攻，但提供不了什么保护；另外一些武器擅长防御，但不会造成太大的伤害。您选择什么武器将会是一个偏好、策略和环境的问题。

收入与潜在资本增值

	收入		与 销售时潜在的资本利得或损失
股票	√	股利	√
债券	√	息票	√
房地产	√	租金	√
货币	X		√
商品	X		√
收藏品	X		√

7

套牢，股票与爆炸的桶[①]

股票

THE CAT & THE BANKER

① 这部分的英文标题是“Locked, Stocks & A Blown Barrel”，主旨是谈论股票价值要受到时间的贴现和未来预期的影响，中间穿插着会议室被锁住和被锁匠爆破的幽默。“Lock, Stocks and A Barrel”本意是“完全的、全部的”意思，结合股票的讲解就可以翻译为“股票宝典”。——译者注

苏格拉底·猫在去往与盖世猫会见的路上，在报刊亭买了一份《黑猫纪事》。

报纸的头版报道了新近涌现的初创企业“快照喵”(Snapcat)。他们开发了一个为猫科动物在社交网站“维喵”(Vimeow)上发布猫信息的应用软件。[①] 他们的业务计划是通过广告获得收入。

苏格拉底猜想，盖世猫将在今天的会见中开始更深入地探讨某一个资产类型。

“我们今天要更详细地谈论股票和债券吗?”苏格拉底见面时马上就问。

盖世猫微笑着说：“股票是今天的主要话题。让我们看一看是否有时间谈论债券。我们要赶时间吗?”

“时间就是金钱。”苏格拉底一边说，一边砰地关上会议室的门，门把手都掉落了。苏格拉底扭头看着别处，假装不是他造成的。

“现在，我们被困住了。很好，我们不会分心了。”盖世猫一边说，一边笑出声来。“但是，我给修锁的打个电话来修一

---

① 维喵（Vimeow）是对视频网站 Vimeo 的模仿。——译者注

下，不然到明天我们还会被困在这儿。

股票是我们资产类型目录上的第一项。

还记得肥鱼的两位创始人在需要资金扩张时，如何让外部投资者购买公司股票的吗？

肥鱼在第一次出售股票筹集资金时，发行了 100 万股股票。每一股按照 5 猫元的价格出售。我之所以记得，是因为我在那时买了一些肥鱼的股票。

由于我买了肥鱼的股份，我就成了肥鱼公司众多所有者之一。我每买一股股票，就给肥鱼公司 5 猫元。

肥鱼的股票出售得很快，创始人通过让渡他们该公司的部分所有权给外部投资者，能够筹集 500 万猫元的新资金。

由于一些股东不想再参与公司未来的发展，他们就决定出售他们的股份。他们的股票在市场上进行交易，其他投资者乐意接手这些股份。

不过，事情在这次的交易过程中稍微有点不同。当一种股票的原始股东将他的股份出售给下一位投资者时，资金就不再进入肥鱼啦，而是归股票的出售者。

实际上，公司只在第一次发行股票时获得新资金的注入，所有随后的股票交易，只不过是将所有权从一位出售者转让给下一位购买者，而这些交易与肥鱼公司无关。不管股票的最后持有人是谁，股票只对他负责。”

“为什么您决定购买股票呢？”苏格拉底问道。

“我买股票，是因为我想入股一家企业。

股东就是企业的所有者。所有者有权获得公司未来利润的一个份额。

因此，在肥鱼公司的股票投资的股东，就购买了这家企业将会赚取更多利润的前景。”

“您的意思是，股票是关于未来的吗?”

“是的，股票只是对一家企业未来利润下的赌注。

当投资者购买一种股票时，他们所表达的是这家公司可能会在未来赚取更多利润的预判。”

“您准备为一种股票支付什么样的价格呢?”苏格拉底询问道。

“股票的价值，就是一家公司未来将会赚取的所有利润之和，除以这家公司的股份数量。”

苏格拉底试图想象肥鱼公司将会赚取的成堆成堆的所有未来利润，那似乎很多。他说:“那么，肥鱼的股票价格就反映了投资者预期这家公司将会在今年、明年，以及所有随后的年份赚取的利润吗?”

“完全正确。”盖世猫说，“但是，还有一点很重要的关键。您今天早些时候提到，时间就是金钱，对吗?”

“我说过。”

“这是一个投资的核心问题。”

“为何如此说呢?”

“我这样问您：您更希望今天还是一年之后收到 1 猫元?”

“今天，这还用说，”苏格拉底说，“我为什么要等待一年呢?”

“在投资范围内，‘时间就是金钱’就是这个意思。您不得不等待的时间越长，金钱的价值就越少。”

“这与通货膨胀会侵蚀1猫元一年后的价值这件事有关系吗？”苏格拉底询问道。

“从某种程度上说是有关系的，因为很难提前知道，从现在开始的一年之内收到的1猫元在通货膨胀之后将会有多少价值。

然而，这还不是事情的全部。从现在开始的很长一段时间还要承受是否能收到投资资金的不确定性。情况可能不随人愿，您期望的利润可能根本不会实现。相反，如果您今天收到的1猫元就可以立即再投资。

这样，回到您提出的关于股票价值的问题。当我们评估一种股票值多少钱时，我们需要考虑时间就是金钱这个事实，以及远期的利润会比近在咫尺的利润价值更低这个事实。因此，预期时间期限很长的利润就需要贬值，以便反映它们与较早的利润相比而不断降低的价值。”

“这样，当投资者购买股票时，他们是为不久的未来而投资，而不是非常遥远的未来而投资，对吗？”

“这是一个非常精辟的说法。股票的价值反映了一个企业的未来，与其说是遥远的未来，不如说是近在咫尺的未来。

股票的价格完全是关于未来的这个事实，也意味着即使目前的状况似乎没有任何重要的变化，股票价格也可能会上升或下降。这是因为，股票价格不是关于现在正在发生的事情。

相反，它们的变化会与一个公司将会赚取的预期利润保持一致。随着预期的改变，价格也就变了。”

“因此，股票价格的变化就是关于人们预期和感觉的变化吗?”

“是的。这对一般的投资而言都是这样的，而不仅仅适用于股票。

您有时会看到，当经济处于繁荣时，一些投资者变得兴奋起来，抢着去购买股票。然后，当经济处于下行状态时，他们变得一脸的沮丧，卖掉了股票。

根据这种行为假设，目前的经济情形看起来充满希望时，股票价格就会一直攀升。但是，目前的经济情形看起来令人沮丧时，股票价格就会一直下跌。

不过，您可能已经注意到，即使经济处于低谷状态，股票市场有时也会上涨。而在另外一些时候，即使经济依然处于繁荣状态，股价也会下跌。

这是因为，在第一种情形下，投资者已经开始预期经济的复苏，而上升的股票价格所揭示的就是关于未来越来越多的乐观预期。在第二种情形下，投资者抢先在经济失去动力之前行动，即使目前经济依然运行良好。”

“所以，投资者需要抢先一步行动?”苏格拉底问道。

“是的。一位有悟性的投资者要问的两个问题是：已经反映在股票价格中的预期是什么，以及预期将如何改变?”

“对未来下注听起来像赌博。”苏格拉底指出。

“您可以这样看。”盖世猫说，“但是，股票投资和赌博之间的类比是非常不准确的。”

“怎么说呢?”

“您知道赌博是什么样的情形吗?”盖世猫问道。

“当然啦。我过去与我的叔叔阿波罗一起去观看老鼠的年度赛跑。有一天，他在一只疯狂的老鼠上下注。在老鼠社会，没有人会认为那只老鼠会赢。但是，那只老鼠第一个到达终点，阿波罗击败了其他所有人。”

“那真是一个美好的回忆。但是，我们看看，当阿波罗赢时，他并没有从参与比赛的老鼠上赚到钱。相反，他的奖金是来自失去其赌注的其他参与者，对吗?”

“对。”

“这与资产投资获得的回报运作上稍微有点不同。

例如，您看，当您购买股票并向一家公司下注时，您并不需要其他投资者评估您的股值。您可以从公司本身赚到钱。

当我们研究资产类型的清单时，我们曾简要地提到股票支付股利的收入。”

“什么是股利呢?”苏格拉底问道。

“假如您购买肥鱼的股票，当每年肥鱼公司获取利润时，最高管理层就要决定分配一部分年度利润给股东，这个公司的所有者。这部分利润就叫做股利。

这部分利润均匀地支付给所有的股东。这样，每一股股票就获得相等份额的股利。

公司没有分配的那部分利润就被再投资到公司中，帮助其业务在下一年继续增长。”

“明白了。”

“作为肥鱼的第一批投资者之一，我以 5 猫元的价格购买了股票，现在证明这是个不错的交易。从那以后，肥鱼多次支付股利给我。

投资者购买股票时，他所下的注实际上就是公司的未来利润是否符合他购买股票时股票价格反映的预期。

由于在足够长的时期内，公司将以股利的形式向公司的所有者支付所赚取的利润，那么，问题来了：现在的股票价格是低于公司未来利润的估计值吗？

如果投资者认为如此，他就应该购买这种股票，年复一年地收取股利，或者等待股票价格回调到他认为的公允价格。

如果情形相反，股票价格高于公司未来的估计利润，投资者如果可能，最好将股票卖给其他投资者。这样做时，他就可以从其他‘参与者’那收取奖金。”

“我明白了股票投资者下注的奖励是如何来自公司自己，而不是单纯地来自这个游戏的其他参与者”，苏格拉底说。

盖世猫和苏格拉底听到三次敲门声，他们朝门看去。

一只狗尖叫道：“站开，离远点！”

他们相互看了看。

接着，烟雾从钥匙孔冒了出来。

“这是来自狗国的一位锁匠。”盖世猫说。

一声爆炸，门被炸开了。碎片飞越房间，像一只散架的桶。

8

一瓶牛奶

流动性

THE CAT & THE BANKER

“打开啦！”锁匠欢呼道。但是，当苏格拉底和盖世猫能透过尘雾看清东西时，锁匠早就走了。事情发生得如此突然，以至于他们俩都没来得及躲避。

盖世猫看起来很镇静。但是，墙角的计算机上落满了垃圾。“真是畜牲！”他说。

“一家公司将利润以什么比例作为股利支付很重要吗?”苏格拉底在尘埃中咳嗽着说。

“对股票的价格而言，这并不是主要的。”盖世猫像往常一样冷静地答道。

“不同的公司将利润的什么比例作为股利分配给他们的股东，有各自不同的政策。

例如，肥鱼公司现在是一家成熟的企业，它不再追求快迅增长，希望年复一年地产生稳定的利润。因此，肥鱼将绝大部分利润作为股利来支付。公司不再需要再投资利润了。

但是，肥鱼曾有一段时间，也像快照喵一样，是一家年轻的、增长很快的公司。您知道快照喵吗?“

“知道，今天的新闻就报道了他们。”

“快照喵不支付股利。作为一家年轻的公司，他们需要将每一分钱投入扩张之中。

不过，对股东而言这并不必然是一个问题。如果支付股利，股东就将股利装入口袋。但是，如果不支付股利，这就意味着，利润留存在他们拥有的公司之中。无论怎样，这些钱都直接地或是间接地，还是他们的。

只要公司继续盈利，再投资，利润还会增长，并在未来产生更大的利润，那么，公司及其所有者最终都将获益。

股东在股票中所购买的是公司随时间的变化而产生更大利润的能力。如果不是当下，那么必定是在以后。”

“我们如何知道一家公司赚取多少利润呢?”

“股票从某些方面来看很好，它是一种从未来的业务增长和经济增长中获益的好方法。但是，股票从某些方面来看又很差。它们在未来收入的时机上只提供了有限的能见度。

股东没有获得收益的保证。由于一家公司赚取的准确利润很难预测，因此，公司向股东支付的股利是不确定的。这就需要对公司的前景做大量的调查研究，再来确定是否投资购买它的股票。”

“您提到能出售股票的，对吗?”苏格拉底说。

“一个股东可以出售他的股票。不过，他不确定他将出售股票的未来价格。一只股票的再出售价格取决于下一个买家购买它的价格。”

“那么，股东对他们的投资会同时有升值的潜力和下跌的风险吗?”苏格拉底问道。

“没错，股票是不稳定的，股东承担的风险既取决于公司的好坏，还取决于运气。”

“当我们买股票时，我们正是在对一家公司下注吗？”

“公司并不在真空中经营，”盖世猫回答道。“它们也对正在发生的经济事件有敏感的反应。

一家公司可能有机遇赶上某一行业的繁荣扩张时期，或者从整体经济的繁荣发展中获益。因此，当整体经济增长时，一家经营良好的公司可能也会水涨船高，股价不断上涨。

因此，购买股票也是一种间接暴露于整个经济起伏的方式。”

“我应该买哪些公司的股票呢？”苏格拉底问道。

“有利润增长前景的公司会随着时间的流逝而变得更有价值。相反，利润不断下滑的公司股票会随着时间的流逝而价值下降。

辨识前一种公司需要做些功课。不过，一旦投资者购买了股票，他就入股了这家企业。他需要了解这家企业是如何挣钱和如何计划成长的。

而且，购买哪支股票也可能取决于您自己的投资目标，不存在对所有投资者都是最好的股票。

预期收益会高速增长的股票更适合资本增值，我们称它们为成长股。

那些具有稳定的生意和产生稳定利润的公司股票更适合于产生收入，因为这些公司有能力向投资者支付固定股利。我们称它们为收益股票。

其他两种都不是的股票，我们要离它们远一点。”

肥鱼公司股票的
回报是什么

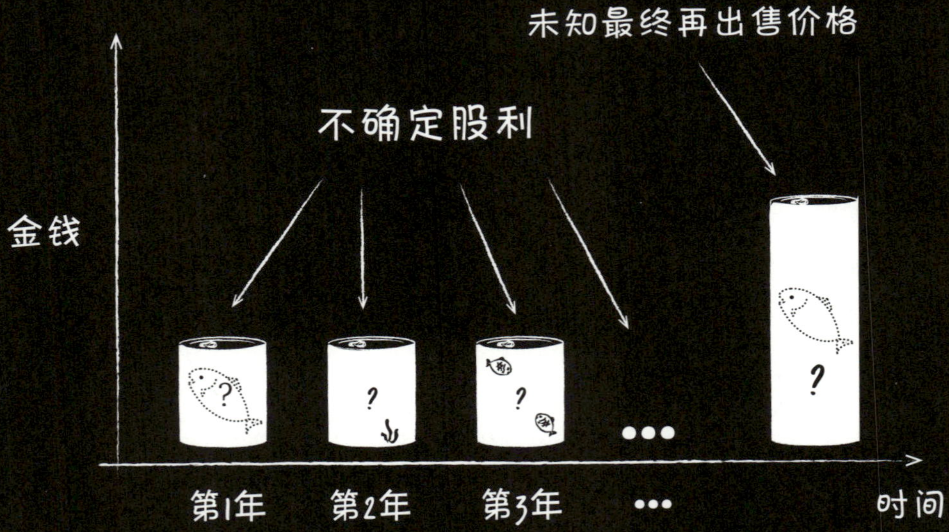

“如何能观察到成长股和收益股的差别呢?”

“您可以看股票提供的股息收益率。它是公司支付的股息与股票的当期价格之间的比率，用来衡量公司支付的收益占股票价格的多大百分比。”

“因此，快照猫可算作成长股，而肥鱼则是收益股吗?”苏格拉底问道。

“大致如此。”

“我可以购买快照猫的股票吗?”苏格拉底问。

“当然可以。同时，您需要了解，尽管所有的股票大致按照相同的方式运作，但是，这其中存在上市公司的股票和非上市公司的股票之间的差别。快照猫是一家非上市公司。”

“上市公司和非上市公司之间有什么差别吗?”

“上市公司是在股票交易所——股票进行交易的市场——登记注册的。

猫国主要的股票交易所是猫国股票交易所，也称之为‘猫交所’(CatSE)。任何人都可以购买在一家交易所登记注册的公司股票。

肥鱼是在猫交所登记注册的。但是，快照喵这家年轻的非上市公司，则不是。一般而言，非上市公司要么太小而无法在交易所登记注册，要么是它们更愿意将公司股份掌握在自己的手里。

但是，如果您依然想投资快照喵，那么，您可以直接与管理层协商。如果您设法成了一位早期的投资者，您需要注意出售非上市公司的股票是非常复杂的。

还记得门把手是如何掉的，我们是如何被困在这儿的吗？当您购买一家非上市公司的股票时，您投资在这家公司的钱在它去交易所登记注册之前可能被套牢。”

“出售的问题看起来应该被严肃对待。”苏格拉底说。

“出售投资的难易程度，是投资者需要对所有的资产类型了解的问题。聪明的投资者会考虑投资的流动性。”

“流动性？”苏格拉底的目光转移到桌子上的牛奶瓶。

盖世猫注意到了这一点，并微笑着说：“您知道，这儿的流动性与……毫无关系。相反，它描述了一种投资在不影响其价格的条件下快速买卖的容易程度。

当您不需要向下一个买者打一个大的折扣就能立刻卖掉它时，这种投资就是流动的。

一般而言，房子是非流动的投资品。它们需要时间出售，除非卖家大减价。对于股票而言，私人股票比上市公司的股票流动性要低得多。”

“投资股票时需要考虑这么多事情。”苏格拉底说。

“股票是一种风险投资。它们同时具有很大的上涨潜力和很大的下跌风险。不过，这也取决于您投资的是哪些公司。

快照猫是一家增长很快但未来的发展高度未知的公司。不过，还有一些公司在稳定的市场环境中向投资者提供了未来收益更清晰的可见度。说一家公司具有风险实际是其未来利润缺乏可预见性。”

“由于我不能在快照猫投资，我可以将我所有的资金投入肥鱼的股票吗?”苏格拉底问道。

“我不会建议那样做。”

“为什么？这家公司是早就创立的，而且您喜欢它。”

盖世猫笑了起来。“这与我是否喜欢肥鱼无关。我关心的问题是时机和集中度。明天提醒我告诉您关于管理风险的两个原则。”

“它们是什么呢?”

“第一个原则是多样化，涉及您投资组合的构成问题。第二个原则是分步投资，涉及您购买时机的选择问题。”

“我不明白您的意思。”苏格拉底说。

“我知道。不过，不要担心，明天就会明白了。而且，带上泳衣，我想，您需要放松一下。明天的天气很好，我乘船带您到企鹅湾去旅行一下。”

9

幕间休息

一只湿猫

THE CAT & THE BANKER

苏格拉底被《黑猫纪事》的头条新闻吸引住了：“肥鱼的股票下跌 20%！”

在震惊中，苏格拉底快速地浏览了这篇文章：“肥鱼公司在昨天股市收盘之后报告了收益。财务结果令分析家们很失望。管理层将今年平淡无奇的结果归因于年轻顾客的品味变化：新千年一代的猫偏好西兰花。该股票今天在猫交所开盘就走低 20%。其股价已经稳定了一个月。”

苏格拉底如释重负地叹了一口气：“幸运呀。盖世猫昨天阻止了我匆忙购买。”

“当您劝我不要买肥鱼的股票时，我还感到惊讶。现在，我非常感激我没有仓促地购买它”，苏格拉底在他们见面时告诉盖世猫。

“肥鱼的股票跳水可能是一个暂时的下降。”盖世猫说。

“我昨天的意思是说，多样化就是格言‘不要把所有鸡蛋放在同一个篮子里’的意思。

将您的所有资金投入一个单一的投资产品是一个非常集中的决策。您的资金于是就捆绑在这种特定资产上，而这种特定资产可能发生的任何事情我们都要承担。”

“那么，多样化更好吗？”

“并不一定更好，但是肯定更谨慎。投资的多样化将使您的投资组合对未预见到的情况更富有弹性。对某一种特定投资所发生的事情，对整个投资组合的全面健康造成较小的影响。

有些投资者非常擅长做成功的决策。但是，其实最好的投资者也不知道未来。预测哪一种投资会随着时间的流逝变得更好不是一件容易的事情。”

“您是如何多样化的?”

“多样化就是购买那些不可能同时上升或下降的不同投资品种。

您可以在同一类型的资产内多样化。例如，您可以购买不同经济行业的公司股票：一些食品行业的肥鱼股票，一些钢铁行业的猫钢股票。

您也可以在不同资产类型中选择。例如，您可以购买股票、债券和不动产。按照定义，不同资产类型的投资就比同一资产类型的投资具有更少相关性。

您也可以在地理上多样化。您可以在猫国进行一些投资，在狗国进行另外一些投资。

而且，您可以搭配不同的品种来产生更好的收益。”

“昨天，您也提到像……鱼鳞（Fish Scales）这样的东西?”

盖世猫咳嗽了一下。“实际上，我提到的是‘分步投资’(Scaling In)……”

多样化就是众所周知
的“不要将所有的鸡蛋
放在同一个篮子里”

苏格拉底一阵脸红。

“分步投资就是在一段时间内逐步一点点地投资，以便减少购买时机较差的风险。

看一看今天早晨发生的事情。如果您在昨天一次性地购买了肥鱼的股票，那么，您的财富就会在今天缩减 20%。

相反，如果您曾分步投资，并将您的购买分散在过去一个月之内，那么，您就会减少您的损失。如果您在半个月前购买一半，今天购买一半，那么，您只会损失 10%。

分步投资的好处就是，你平均化了购买价格，从而降低了下跌的风险。

一般而言，您可以决定在任何时间段进行分步投资。按天、月、年或者甚至连续投资都可以。关键是要一直严格遵守它。

您也想了解一下债券吗?”

“债券听起来比股票的风险要小些。”

盖世猫点头同意。“从某种程度上说，它们的确如此。不像股票，债券在未来收入方面提供了很大的可见度，清晰得像今天的天空一样。”

盖世猫透过窗户向外看。“您带泳衣了吧?”

正如他所许诺的，盖世猫邀请苏格拉底坐上了他的小船，今天剩下的时间是放松的时间。小船驶离了港口，他们在阳光下悠哉游哉。天气太暖和了，根本看不见任何企鹅。

“盖世猫，您为什么叫盖世猫呢？您是一头狮子呀！”苏格拉底询问道。

“收养我的家庭在发现我时，认为我是一只猫。而且，我看上去十分抢眼。您为什么叫苏格拉底呢?”

“我本来不叫这个名字。后来，我的父母认为，我问的问题太多啦!”

当下午来临时，一阵强风从岸边吹过。一艘较大的帆船飞快地驰过。当它飞速向前行驶时，水花溅了他们一身。

在开船的花花公子猫幸灾乐祸地笑着，而在船尾的一只漂亮的女友猫并不理睬他们。

“啊呀天哪!”苏格拉底和盖世猫大声地尖叫道。

这艘开得飞快的帆船走得越来越远了。但是，一阵强风突然吹断了桅杆，帆船开始摇晃起来。帆船翻了。他们看见两只猫跳入了海水中。

盖世猫和苏格拉底赶紧冲过去，将他们从冷水中救了出来，将漂亮的女友猫拉上船板。她一边哆哆嗦嗦地爬上船，一边说：“我是米茜小姐。”花花公子被冻着了，独自卷缩在船尾发抖。

他们到达港口时，米茜亲吻她的救命恩人以示谢意，并向苏格拉底抛媚眼。

苏格拉底在她坐进她的跑车之前，小心地向她要了机器猫账号。米茜将她湿漉漉的男朋友丢在了码头，扬长而去。

盖世猫和苏格拉底相互看了看。盖世猫说：“别去追求她，她会让您破产的。

明天到我的办公室来。我们要谈一谈债券，可靠的契约。”

10

可靠的契约

债券

THE CAT &
THE BANKER

盖世猫仍旧戴着太阳镜。“我们上次谈到哪儿啦?”他问道。

苏格拉底回答道:“在我们去航行前，您说到债券提供了未来收入的可见度。”

“那么，让我们回到我们的债券问题。

债券属于金融家称之为‘固定收入’的投资类型。这种类型的投资根据一个确定的时间表，向投资者支付固定金额的资金。因此，固定收入产品特别是债券的投资，是一种赚取可预见未来收入的好方法。

还记得我们所说的肥鱼支持其业务扩张的方法吗?

这些创始人用来筹集资金的一种方法就是，将股票出售给股票投资者，另一种方法就是债务融资。

起初，肥鱼从银行通过贷款借得资金。但是，肥鱼经营得如此成功，规模增长得如此之大，甚至银行不足以支撑借给他们继续发展业务所需要的资金规模。

于是，银行向肥鱼提出，帮助他们筹集一种不同的债务——发行债券。

如果您还记得，债券就是切割成小额的贷款。因此，投资者购买的债券，仅仅是企业一大笔贷款的一部分。”

“我记得是如此。”

“而且不仅仅是公司这样借钱，政府也这样做。”

“真的吗?”

“当然。猫国的政府有时从银行贷款，还有一些时候，政府通过发行债券借钱。”

“为什么甚至猫国都要借钱呢?”

“猫国政府要在运营、道路、学校、医院……上花钱，但是，他们只有有限的收入来源。

例如，猫国的主要收入来源就是每年从居民和企业征收的税金。

当税收收入太小，不足以支付运营费用和政府的项目时，猫国就借钱，他们以未来的税收收入作为以后偿还借款的承诺。”

“来自公司的债券与来自政府的债券之间存在差别吗?”苏格拉底问道。

“国家发行的债券叫作政府债券，而公司发行的债券叫作公司债券。名称不同，运行的方式完全一样。”

“为什么债券比股票要安全些呢?”

“我们说过，投资者购买公司股票的时候，只是对公司赚取的未来利润下注。因此，在某种程度上说，他购买的是希望。

但是，投资者购买债券之时，他买的是不同的东西。他购买的是承诺。

他买的是借钱的公司或政府将要偿还他的承诺，附带还有一些利息。债券发行人受到这个承诺的约束：他们有一个契约。

让我们来看一看上月猫国发行的四种新债券。

其中的两种是由政府发行的，一种由肥鱼公司发行，还有一种由瘦鱼（Skinny Fish）这家肥鱼的竞争者发行。

猫国通过这两种债券借款20亿猫元。第一种是借款5年。政府发行100万张债券，每张值100猫元，借款期限为5年，票面利率为3.5%。

第二种是借款10年。政府发行100万张债券，每张值100猫元，借款期限为10年，票面利率高一点为4%。

“这对购买猫国债券的投资者而言意味着什么呢?”

“每个购买猫国债券的投资者，每买一张债券，就给政府100猫元。

作为交换，猫国承诺向每一位购买5年期债券的投资者在未来的5年中的每一年，按照每100猫元支付3.5%的利率也就是3.5猫元，并在到期时偿还100猫元。

类似地，猫国承诺向购买10年期债券的投资者在未来的10年中的每一年，按照每100猫元支付4%的利率，并在10年之后偿还100猫元。”

“另外两种债券如何呢?”

“肥鱼发行了5年期、票面利率为6%的债券，而瘦鱼公司也发行了5年期的债券，但是票面利率丰厚到9%。”

“债券似乎有明确的固定收益。”苏格拉底注意到。

“说得对。不像股票，从原则上说，债券支付的条件很少是未知的。

四种强大的债券

发行者	票面利率	到期日
猫国	3.5%	5年
猫国	4%	10年
肥鱼	6%	5年
瘦鱼	9%	5年

投资者购买债券时，他相当清楚他将要得到的是什么，什么时候得到。

诚如您所注意到的，债券有明确的特征：

——偿还价值。这也叫做债券的本金。本金是借款人承诺在到期日向投资者偿还的金额。

——到期日。这是向贷款人支付本金的日子。

——息票率。这是债券定期向贷款人支付的利息率，是本金的一个百分比。

——利息支付时间表。这是明确规定向债券持有人支付利息的日期。”

“这听起来非常清楚。市场上有很多债券吗？”

“股票得到绝大多数新闻媒体的关注，但其实债券市场的规模更大。原因之一是，债券市场包括政府发行的所有债券，单是这些债券就代表了大量的资金。”

苏格拉底依然不依不饶地问：“那么，债券真的比股票更安全吗？”

“如果它们被使用得好，那么，债券可以说是一种相对安全的投资。

债券明确的固定收益，对于那些追求可预测风险，定期或经常性获得收入的投资者来说，是一种很好的投资方式。

但是，我要告诉您一点财务顾问不经常提到的东西，债券通常被宣传成一种安全的投资，但事实上，这不完全是真的。”

“为何如此呢？”

当一家像肥鱼这样的公司同时发行股票和债券时，公司发行的债券比它的股票更安全。这是真的。

法律对债券持有者的保护要多于股票持有者的保护。如果肥鱼的现金耗尽了，破产法会保证，不管公司还有什么钱，债权人会在股东之前获得偿付。”

“因此，债权人比股东承担的财务风险要小一些?”

“说得对。而且，政府发行的债券一般而言比公司用同一种货币发行的债券更安全。这也是肯定的。

就好像猫国政府的债券一般来说就比猫国的公司债券更安全。”

“为什么如此呢?”

“债券是贷款，对吗？当政府以它自己的货币借款时，政府非常可能偿还它们借贷的资金。毕竟，政府有时能够更多地印刷它们自己的货币。当公共财政出现一个大洞时，它们也可以通过征税来填补赤字。”

“那么，债券有怎样的风险呢?”

“它不仅取决于您贷款给谁，而且还取决于您的贷款有多长时间。

您要记住这一点：债券只有在两个确定的条件之下，才是一种安全的投资，并提供可预测的收益。

第一个条件是：发行债券的政府或公司在债权的到期日之前不能违约，违约意味着停止付款。

第二个条件是：债券持有人要在到期日前持有债券，而不是早早地卖掉了债券。”

肥鱼5年期债券
承诺的回报是什么

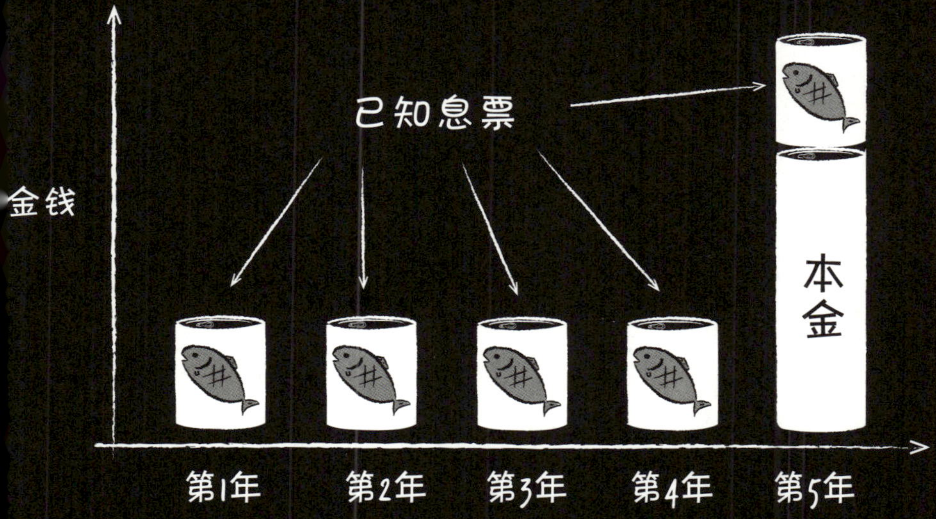

“那么，债券是可以出售的么?”苏格拉底问道。

“是可以的。像其他投资一样，您可以在到期日之前卖掉债券。

不过，您既无法保证能够按照您买它的同样价格出售债券，也无法保证重新获得债券所代表的全部偿付价值。”

苏格拉底又搞不清了。

“让我来解释一下，为什么我刚才提到的两个确定的条件很重要。”

盖世猫的电话响了起来。盖世猫看了一下来电显示。他不想接这个电话，按下了静音键。不过，他看起来紧张不安。

II

波动的债券

债券价格与收益

THE CAT & THE BANKER

“像其他投资一样，债券担负着风险”，盖世猫继续说。“如果我们在到期日之前卖掉债券，我们会发现，债券像股票一样，价格会波动。

这意味着，在某些情况下，我们可以提早出售债券而获利。但是，在其他时间，我们只能按照比我们最初支付的价格要低得多的价格出售它。”

“但是您曾说，债券提供可预测的收入。”苏格拉底说。

“收入，是的。债券确实在确知的日期支付固定的息票。

但是，如果债券提早卖掉，那么，所不可预测的是债券的再售价格。”

“这是怎么回事呢？”

“您明白，每一张债券都有一个价格。而债券的价格表示为偿还价值的一个百分比。偿还价值就是借款人承诺在到期日偿还的金额。

例如，猫国在上月发行的5年期债券，承诺在5年之后偿付100猫元。这100猫元就是其偿还价值。但是，这100猫元并不总是买家对债券要支付的价格。价格将由市场决定。”

“但是，您说过，每个在发行时认购猫国债券的投资者，都对他们购买的每一张债券，给了政府100猫元？”

“没错。债券在最初发行的时候，它一般按照与其偿还价值相等的价格发行。因此，100 猫元就是第一批债券持有者购买猫国债券支付的价格。但是，如果第一批债券持有者之一决定卖出债券，下一个投资者并不必然要对它支付 100 猫元。他可能支付得更多，也可能支付得更少。”

“那是为什么呀？债券在到期日依然许诺要偿还同样的 100 猫元。”苏格拉底指出。

“确实是这样，只不过还要考虑其他因素。下面我将解释这是为什么。我先来介绍一下什么是‘收益率’，这有助于我们理解为什么债券价格在波动。

金融家谈论债券时，他们不用价格这样的表述进行讨论。相反，他们谈论回报率（Returns），而债券的年回报率就叫做收益率。可以理解吗？

债券的收益率就是债券在债券持有者如果持有至到期时承诺支付的年回报率。

如果您在其发行日按照 100 猫元购买了 5 年期的猫国债券，那么，您的收益率就会是票面利率的 3.5%。那就是您拥有的债券所得到的年回报率。

金融家偏好以收益率而不是价格的表述进行谈论的原因，是因为比较两种债券的价格并非直截了当的事情。每一种债券都有稍微不同的特征：不同的借款人、不同的到期日和不同的票面利率。

但是，两种债券之间的收益率很容易比较。看一眼，任何人都可以比较各种债券承诺的回报率是多少。对于我们提到的债券，在它们最初发行时，猫国债券的收益率是 3.5% 和 4%，而肥鱼的收益率是 6%，瘦鱼的收益率是 9%。收益率是各种债券的一个共同特征。因此，比较债券的收益率而不是债券价格更接近于将苹果与苹果比较。”

盖世猫继续说道：“现在，让我们从投资者的角度出发来考虑债券的发行。

债券在最初发行时，债券的收益率就是其承诺的回报率。它代表了投资者在债券到期日之前将钱贷给借款人所需要的利息率。”

苏格拉底想了一会儿说。“因此，这就意味着，猫国在上月发行 5 年期、票面利率为 3.5% 的债券时，3.5% 就是在特定时间投资者愿意在 5 年期内贷款给政府的利息率吗？”

“完全正确。”盖世猫说道。

“那么，接下来会发生什么呢？”苏格拉底问道。

“投资者会持有债券，在到期日之前赚取 3.5% 的年回报率。或者，如果他决定出售债券，投资者会注意到，政府借贷的利息率会随时变化。因为利息率反映了借款人和贷款人同意做交易的货币价格。

例如，今天投资者不再愿意以 3.5% 的利率向猫国提供 5 年期的贷款啦。不仅情形已经改变了，而且投资者现在对未来有不同的预期了。他们只有在政府支付 4% 这个更高的利率时才愿意贷款。因此，猫国在这周发行新一期的 5 年期债券时，他们是以 4% 的这个更高的票面利率发行的。”

“这期新债券影响旧债券吗?”

“让我来问您这个问题。如果您能用同样的价格购买类似期限的、票面利率为 4% 的猫国新债券，您还会想用 100 猫元购买票面利率为 3.5% 的猫国旧债券吗?”

“决不！我更爱较高回报率的债券。”

“因此，票面利率为 3.5% 的债券只有降低价格，才能在市场上具有竞争力。除非旧债券至少提供与新债券一样的回报率，否则您就不想购买票面利率为 3.5% 的债券。”

“是这样的。”

“而且，您也会在这一点上同意我。票面利率为 3.5% 的债券价格需要调整足够的幅度，以便使投资者用一个更低的新价格购买票面利率为 3.5% 的旧债券与以 100 猫元购买票面利率为 4% 的债券之间无差异。”

“有道理。”

“那就是债券价格为什么会波动，债券为什么只有在投资者持有至到期日才提供一个可预测回报率的原因。在购买日和到期日之间，市场条件会影响价格。”

“在遇到不得不卖掉债券的突发情况时，债券投资者该怎么办呢? 可以做些什么准备么?”

“债券投资者在进行投资之前，需要注意到他所关注的债券的‘久期’(Duration)。久期不仅是债券的一个重要性债券价格波动……

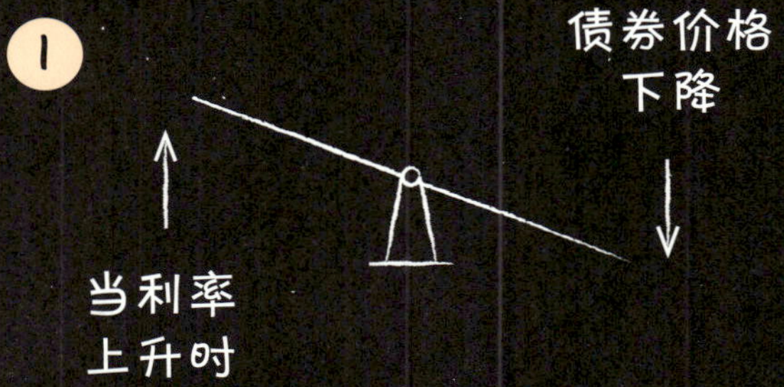

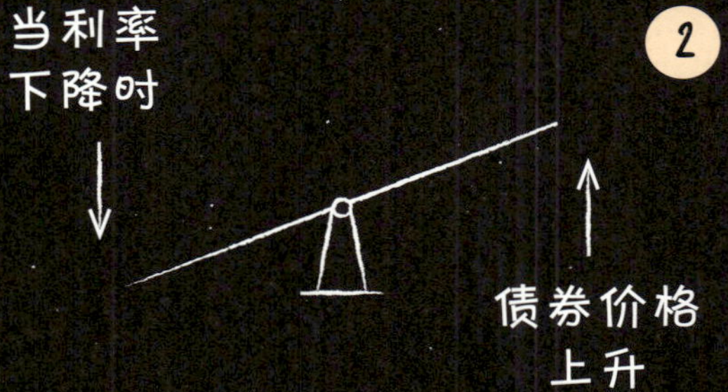

债券价格与债券收益率呈相反的方向变动

质，而且对未来投资者而言是一个测量风险的关键指标。每一种债券都有一个特定的久期。”

盖世猫的电话又响了起来。这一次，屏幕开始闪亮起来。他盯着电话看了一会儿，然后再次按了静音键。

12

敏感的债券

债券的久期

THE CAT & THE BANKER

“您要来点牛奶吗？”盖世猫问道。

“来点吧。”苏格拉底回答道。“嗯……”他一边大口喝着牛奶，一边说，“您所说的‘久期’与到期日不是一回事吗？”

“不是。久期无疑是一个容易混淆的术语。就债券而言，久期在某种程度上与债券的到期日多少有些关联。但是具体而言，‘久期’是一种衡量债券敏感性的指标。

在我告诉您它究竟是什么之前，让我问您这样一个问题。

如果我想要您借给我 1000 猫元，您愿意以同样的利率在 5 年期间和 10 年期间借给我吗？”

“绝不可能”，苏格拉底说。“10 年期我需要额外再等您 5 年偿还我。借给您 10 年的话，我会要求一个更高的利率。”

“那很公平。一般而言，投资者贷出资金的期限越长，借款人要支付的利息率就越高。”

盖世猫开始在他的笔记本电脑上画起来。他开始画了一条上升很快的曲线，然后在达到水平线之前以较慢的速度上升。垂直线上标着“收益率”，水平线上标着“到期日”。

在画完这张图之后，盖世猫说道：“这是债券收益率曲线的通常形状。它所表示的是，到期日越长的债券，越倾向于对投资

投资者贷出资金的时间越长，
他们越会期望高收益……

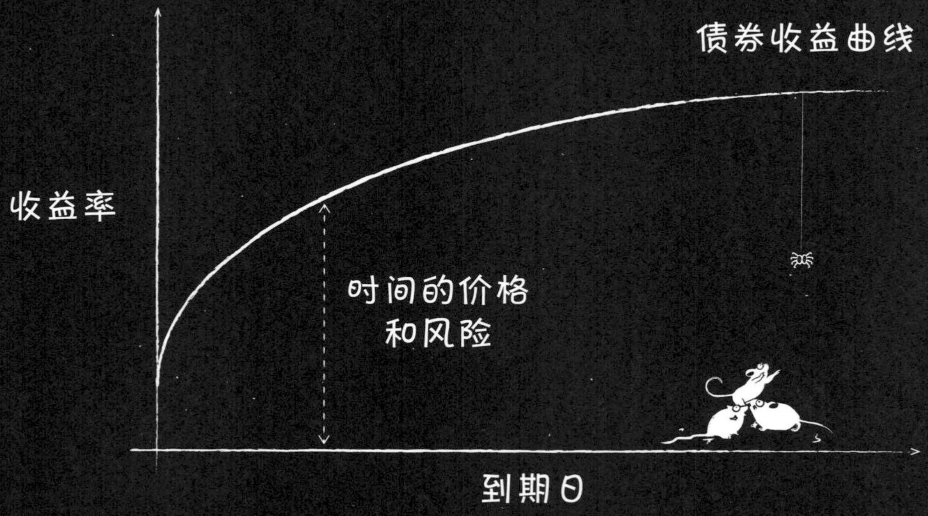

者许诺较高的回报率。

这是有道理的。像您这样的投资者，越是长时间与其资金相分离，就越是要求更多的补偿。”

苏格拉底看着这张图说：“我要购买时间尽可能长的债券，以便获得尽可能高的回报率！”

盖世猫表现得很冷静。“这就是有趣的地方。”他说。“当债券在上月发行时，您是要买票面利率为 3.5% 的、5 年期的猫国债券，还是票面利率为 4% 的、10 年期的猫国债券呢？”

“票面利率为 4% 的、10 年期的债券。它的回报更多。”苏格拉底回答道。

“表面上看，这是有诱惑力的。”盖世猫说。“但是，这里有一个陷阱。

更高的收益率并非是免费礼物。更高的收益率一般意味着投资者要承担更大的风险。期限较长的债券通常承诺更高的利息率。同时，期限更长的债券价格也对收益率的变化更加敏感。因此，久期就是衡量债券价格对投资者贷款所要求的利息率变化的敏感程度。这就是为什么投资者要将久期加以考虑的原因。

久期就是一个近似的计算数字，用以测量每次债券收益率变化百分之一的百分之一（0.01%）时，债券价格会下降或上升多少分。”

“如何将其应用到猫国债券呢？”苏格拉底问道。

“例如，5 年期的猫国债券目前有一个大致为 4 的久期。这意味着，当债券的收益率从 3.50% 变化到 3.51% 时，债券的价格就会下降大约 4 分。而当收益率从 3.50% 变化到 4% 时，价格就大约下降 2 猫元。

10 年期的猫国债券有一个大致为 8 的久期。因此，它的价格敏感度就是 5 年期债券价格的两倍。当收益上升时，10 年期债券的价格就会比 5 年期的债券价格下降快两倍。”

“哎哟……更高的久期总是一件坏事吗?”苏格拉底问道。

“看情况。还记得米茜的帆船在昨天是如何快速地飞驰过我们的吗?”盖世猫问道。

“啊……米茜……呃……是呀，我的皮毛依然残留着海水的咸渍。”苏格拉底含糊不清地说。

“债券的久期有点像帆船上帆的大小。米茜的船与我们的相比，有一个更大的帆。帆越大，它凭借的风就越多。

当风力很小时，较大的帆就有助于船行动得更快。

但是，当风力变得更强时，更大的帆就给予了更多的牵引力。它可以折断桅杆，沉没船只。

在这种意义上，船上的大帆是一把双刃剑。

一个大的久期对债券而言有着类似的作用。在适当的条件下，它有益；但是在不恰当的时间，它有害。”

盖世猫继续说道：“债券的一个性质是，期限越长的债券，久期越高，即它们对收益率的波动越敏感。

不过，这并非总是坏事。债券的久期越高，债券价格在利率下降时就上升得越快。因此，当利率下降时，一个高的久期就会让债券持有者变得更加富有。

但是，债券的久期越高，债券价格在利息上升时就下降得越快。因此，一个高的久期在收益率上升时就会损害债券持有者。

请记住，债券价格和利息率是反向移动的。”

“这样，当我们预期利息率下降时，购买一个较高久期的债券是正确的吗？”苏格拉底问道。

“您说对了。当我们可能会需要提早卖掉我们的债券时，或者如果我们不想被暴露在利率环境迅速变化之中时，对一个低久期的债券进行投资就会更加安全。”

“因此，购买票面利率为4%的、10年期的猫国债券，与购买票面利率为3.5%的、5年期的猫国债券比较起来，并不一定是个更好的主意吗？”苏格拉底最后问道。

“不一定是。如果您需要在到期日之前卖掉您的债券，那么，这仍然有待讨论。

10年期债券的投资者承担了多达两倍的利率风险，而预期的回报率增量只有边际的0.50%。也许，额外的风险比那点回报率增量更值得关注。”

盖世猫的电话又响了起来。只是这一次，灯光在所有方向上闪烁着。盖世猫一边摇着鬃毛，一边叹了口气说：“对不起呀，每一个人都有一个老板，我需要接电话啦。是我前妻的律师。”

13

有种就来抓我

信用风险

THE CAT & THE BANKER

“这位律师说，我仍旧欠她的钱。”接下来我想告诉您最后一件有关债券的事情。盖世猫在挂电话时说。“简直是没完没了……”盖世猫说。

“是什么呀?”

“违约风险。您也许经历过，在我们借贷时，我们承担着借款人对我们违约的风险。违约就是没有付款的意思。”

苏格拉底告诉盖世猫关于威利·猫的事情。苏格拉底的街猫表弟，还未偿还他在一年之前借给他的1000猫元。

“哼嗯……太痛苦啦!”盖世猫同情地说。“借款人违反其偿还债务的概率，被称作信用风险。

这个概率从来不是零，即使发行的政府债券也不是百分之百的安全。有时，甚至政府也会无力偿还其债务。看一看鼠国这个国家的例子。他们的政府简直是一个灾难。他们经常不偿还其债券，任其债权人破产。”

“您怎样评估一个借款人不偿还您资金的可能性呢?”

“这是一个永恒的问题，以至于一些评级机构专职做这项工作。

猫国的主要评级机构是异常离奇（Abnormal & Rich）。[①] 他们的工作就是对政府和公司发行的债券定级。他们根据贷款的价值多少对发行者评级。

按照从高到低的顺序，他们划分的级别从投资级别一直延伸到垃圾债券。像 AAA 级、AA 级、A 级、BBB 级这样的投资级别则意味着违约的可能性很低，而像 BB 级、B 级和 CCC 这样的垃圾级别则意味着，债权人再也无法看到他们金钱的可能性很高。”

苏格拉底感觉到他的整个脊梁打了一个冷颤。

“在上个月发行的四种债券的发行者之中，猫国政府目前被评定为 AAA 级，肥鱼公司则是 BBB 级，而瘦鱼则只是 B 级。但是，并非每一种债券都得到评级。”

“这就是为什么猫国能够发行 5 年期、票面利率为 3.5% 的债券，而对于同样 5 年到期的债券，肥鱼则支付更高的利息率 6%，瘦鱼甚至支付更高的利率 9% 的原因吗?”

“您抓住重点了。较低的评级意味着，发行者需要支付较高的利息率才能说服投资者贷款。

除了评级之外，评估信用风险的另外一种方法是，看一种与政府债券以相同的货币和相似的到期日的债券，在政府债券回报率之上额外承诺支付多少。这个差价被叫做信用差价，反映了发行者违约的概率。

---

① 纳迪尔将猫国评级机构取名为“异常离奇”（Abnormal & Rich），是对美国的主要评级机构“标准普尔”（Standard & Poor）的戏称。“异常”对“标准”，“富裕”对“贫穷”，真是很幽默。——译者注

违约风险

瘦鱼公司的债券承诺更高的票面利率……
但是可能在最后不会偿还您的本金

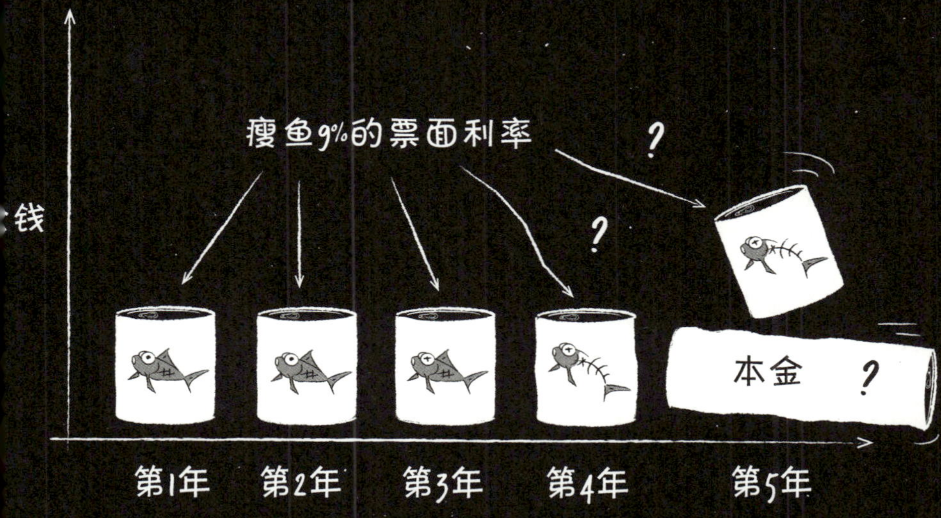

对于肥鱼而言，与猫国相比的差价是 2.5%；对于瘦鱼而言，差价则是 5.5%。差价越高，借款人的风险就越大。如果债券发行者能够支付较低的利息率，他们当然高兴这么做。”

“因此，瘦鱼的投资者得到更多的回报……但是他们也承担更多的无法看到他们最初投资资金的风险吗？”苏格拉底问道。

盖世猫点了点头。“一些投资提供更高的回报率的原因是，它们代表了更大的风险。

您更愿意购买 5 年期的、票面利率为 6% 的肥鱼债券，还是购买票面利率为 9% 的瘦鱼债券呢？”

“我现在不确定了。”

“这里没有明确的答案，您的决策要有一个权衡。较高的利息率所隐含的是失去您投资的所有资金的可能性更高；反之，如果您设法持有瘦鱼的债券至到期日，而且瘦鱼不违约，那么，您就能够对您承担的较高的信用风险赚取额外的收益率。”

盖世猫总结道：“如果您知道要当心什么，债券整体而言是对未来收入可见度很高的工具。不过，债券投资不仅涉及它承诺支付多高的票面利率，而且债券带有风险，投资者需要意识到它们所承担的风险类型。这些风险类型包括：发行者是谁；在到期日之间他有多大的可能性违约；债券的久期有多大；在您打算持有债券的时期之内，您是否看到利率的上升或下降；此外，如果您希望卖掉它，债券的流动性如何。”

“花点时间消化这些信息吧，”盖世猫说。“在您准备好下一次会见时，打电话给我。”

14

幕间休息

野心勃勃的博基尼

THE CAT & THE BANKER

第二天早晨，苏格拉底碰到了他的绵羊邻居博基尼（Borghini）。

没有人确切知道博基尼从哪儿来，或者他的真实姓名叫什么。不过，他以经营一家小型合资企业著名。在这家企业中，他提供了城镇中最好的私酒服务，常客亲切地称它为猫台。

博基尼说话口齿不清，但他要比看起来要聪明得多。

“苏格拉底，好久没有看到您啦。”

“忙着去银行呢。”苏格拉底回答道。

“您也去银行吗？”博基尼说。

“您是什么意思？”

“我本不应该提这事，但是，要保密。我从您的表弟威利那里得到点消息。”

“威利？”苏格拉底感觉到他的毛发都立起来了。“继续讲。”他说。

威利毕竟是一个欺诈者，谁知道他这些日子在干些什么？

“威利告诉我一些事情，他最近正在做大笔的房产交易，并要我严守秘密。”

“比如？”

“听仔细啦，”博基尼说。“他都做了什么。

您知道《连续时代》（Stretch Times）这个《黑猫纪事》的周末增刊吗？威利通过筛选这上面的广告来寻找房子。

一旦他发现了目标，他就到银行去评估房屋的价值。他从银行获得房屋价值80%的贷款。比如说银行评估房屋的价值为10万猫元，威利让银行同意提供给他8万猫元的贷款。

然后，他回到这所房子，通过商谈压低房价。只有在得到30%折扣的情况下，他才会购买它，那就是7万猫元。"

"对的。"

"接着，威利会做一些辅助性的工作。他利用从银行获得的额外的1万猫元，找几位朋友翻新这套房子。

一旦房屋翻新完成，他就返回去拜访银行，告诉他们，房产看起来是如何崭新，并且如何价值更多。比如说，12万猫元。

银行同意了他所说的，并重新评估了贷款。贷款稍微增加了些，按照新房价估计值的80%重新定价。

最终，威利不仅为价值12万猫元的房屋只支付了8万猫元，而且还获得了9.6万猫元的贷款。

您知道最酷的事情是什么吗，苏格拉底？威利没有花自己的一分钱。零成本！"

"那听起来确实很'威利'① ……"苏格拉底思考着。

博基尼继续说道："威利现在出租了这个地方。他靠房租和从银行获得的其余1.6万猫元生活！这难道听起来不是像做梦一样吗？"

---

① 威利（Wily）的本意是狡猾的、诡计多端的。——译者注

猫腻的房产交易

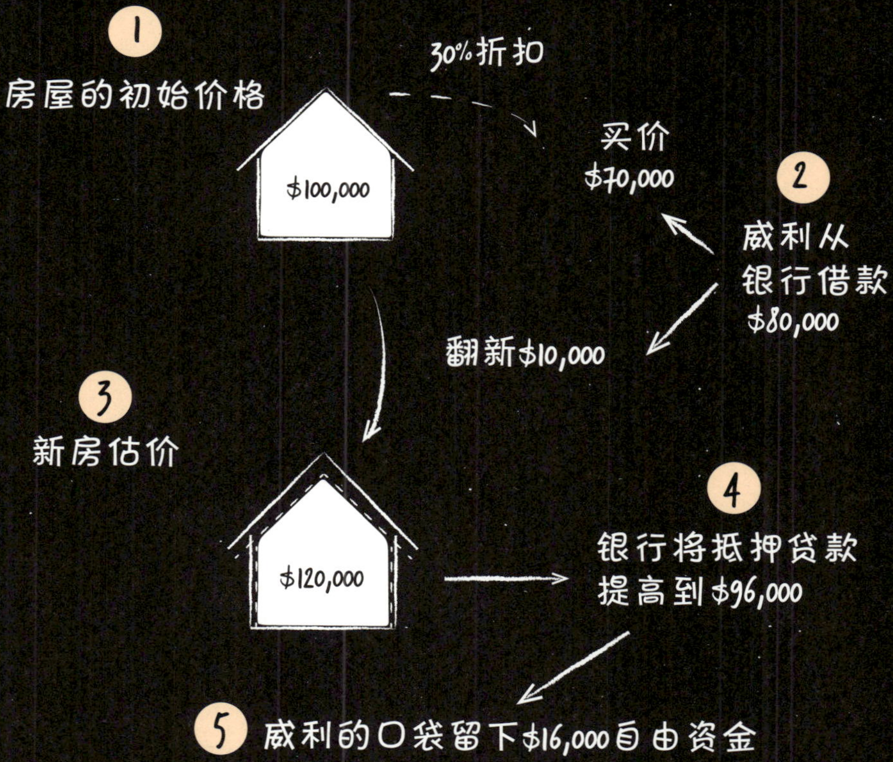
1
房屋的初始价格
$100,000
30%折扣
买价
$70,000
2
威利从
银行借款
$80,000
翻新$10,000
3
新房估价
$120,000
4
银行将抵押贷款
提高到$96,000
5
威利的口袋留下$16,000自由资金

“是的，这听起来几乎不合法。”苏格拉底插了一句。“哪家银行能那样做呀?”

“管他呢。威利现在挣钱啦！因此，我自己最近一直去银行。

狗国正处于繁荣时期。狗国的银行正在猫国这儿积极地扩张。我正去拜会的银行叫狗吠行（Barks）。我发现了几个前景良好的房产，而且还获得了银行贷款的批准。”

“那听起来像鱼一样不可靠……不过，多谢您的消息，博基尼。”

“不必客气！”

苏格拉底在这天的其余时间里思考着财产计划，他还不确定要怎样投资。与此同时，他感觉到有更多的诱惑，使他想知道得更多。

15 利润风暴①

房产、杠杆和缓冲

THE CAT & THE BANKER

① 利润风暴（Margin call），又译作《商海通牒》，描写了美国的垃圾债券，及抛售垃圾债券在2008年所引起的次贷危机。该电影讽刺华尔街的银行家只懂计算机技术，看不懂基本的财务数据，风险管理观念薄弱。

——译者注

“回来要学习更多的东西吗?”盖世猫在苏格拉底回到银行办公室时问。

“嗯……”苏格拉底在泄露邻居的可疑地产交易前，叹了一口气。

“有意思。”盖世猫说道。“我认为，您的邻居完全不懂他正在干什么。

但是，这是我们讨论房地产投资的一个好机会。”

“我邻居的交易怎样呢?”

“别担心，我们马上就谈到这一点。让我们首先了解房地产的投资如何运转，然后，您就会明白为什么您的邻居和威利正在做的事情是危险的。

房地产有一些令人感兴趣的特征。在先前的会晤中，我们谈论过股票和债券，而房地产在某种程度上是介于股票和债券之间的一种混合品。”

“为何如此说呢?”

“房地产像债券一样，能够以租金的形式提供相对可预测的收入。

您知道什么叫租金收益率吗，苏格拉底?”

苏格拉底摇了摇头。

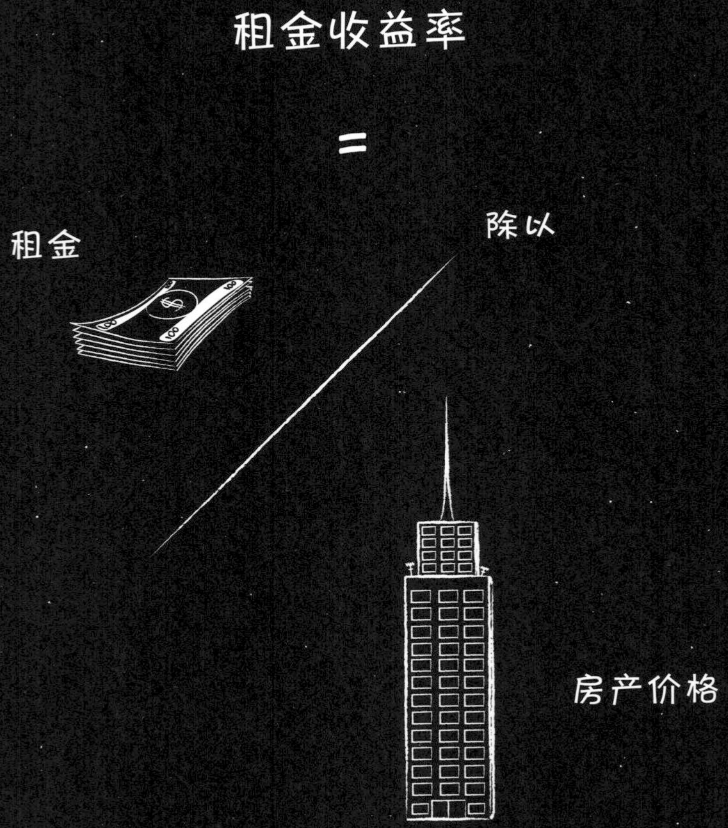
租金收益率
=
租金
除以
房产价格

“房地产的租金收益率就是租金的年收入与房地产价值的比率。

比如，一套 10 万猫元的公寓，每月出租 350 猫元，那么一年的收入为 4200 猫元。因此，这套公寓的租金收益率就是 4200 除以 10 万，也就是 4.2%。”

“这有点像债券的票面利率，或者股票的股息收益率。”苏格拉底说到。

“是这样的。它是收入的衡量指标。”盖世猫说。

“与此同时，房地产投资也非常像股票投资。

与股票一样，房地产没有一个固定的终止日或者一个已知的未来再售价值。投资房地产不仅仅是收租金，而且还希望最终通过出售房地产获得利润。

因此，总体而言，房地产可以同时提供固定的收入和增长潜力。

现在，股票或债券与房地产的一个重要的实际区别就是，房地产是可以利用抵押贷款购买的少数几种资产。

绝大多数猫都不会全部用他们自己的钱购买房产，他们更倾向于使用从银行借来的钱。抵押贷款实际上就是债务的使用，而这是完全可接受的。

但是以下是您的邻居博基尼混淆的地方。他并没有掂量负债的全部风险。债务不是您的钱，债务是您将来要带着利息偿还的钱。”

“但您刚才说过，抵押贷款是完全可以接受的……”苏格拉底说。

“负债本身并非坏事，但负债仅仅是一个工具。负债既可以有收益，但同时也有风险。”

苏格拉底从桌子边走开了。

“猫负债的最通常的原因是，他们可以使用他们还没有的钱。

但是，聪明的投资者发现债务有吸引力的原因是，它放大了投资的收益。这也是为什么债务有时也叫‘杠杆’。利用杠杆投资就像在类股权上投资。技巧运用得当时，借钱融资部分的投资可能有助于增加投资的潜在回报率。但是，杠杆也存在风险，因为它放大了利得和损失。”

“它是如何运作的呢?”

“比如说，您购买了一套 10 万猫元的公寓。一年之后，您设法将它卖了 11 万猫元。

如果您完全用您自己的钱购买它，那么，您在一年的时间内赚了 1 万猫元，或者您最初投资的回报率为 10%。”

“对。”

“如果您转而采取抵押贷款，比如说按 4% 的利率贷款 5 万猫元，融资购买这套公寓，那么，您只需要从您自己的钱中投入 5 万猫元。

当您一年之后以 11 万猫元出售这套公寓时，您要偿还贷款和利息 5.2 万猫元。那么，您会留下 5.8 万猫元，或者利润 8000 猫元。您最初投资 5 万猫元的回报率就会是 16%。这是一个非常可观的回报率，是灵活使用债务所产生的回报率。”

房产投资看起来像什么

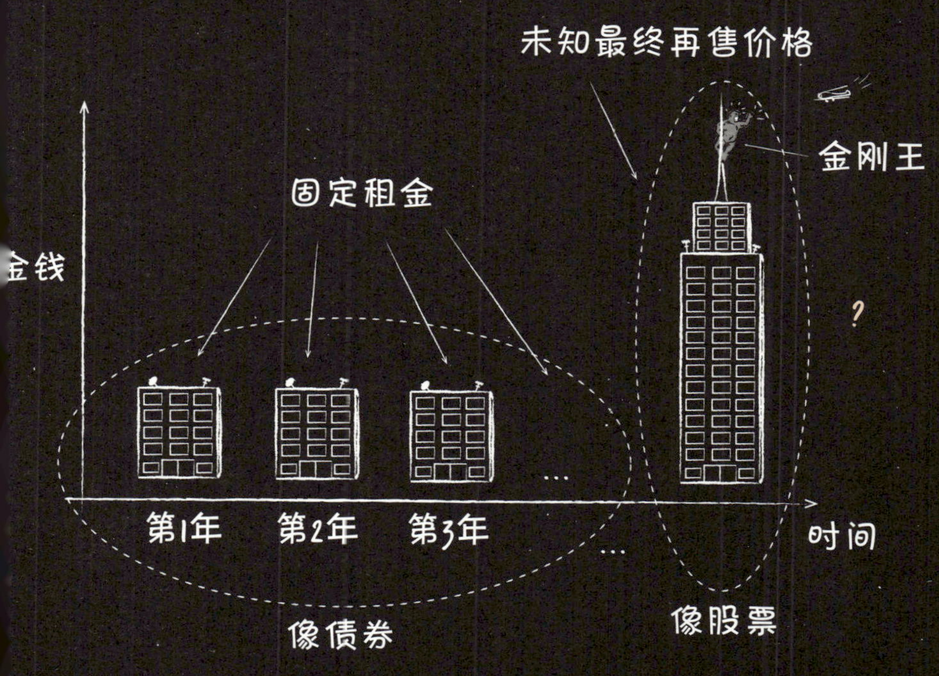

“16%比10%要好多啦。”

“确实是这样。不过等一下，让我们考虑一个不同的情景。假如在购买的一年之后，房地产市场下跌了10%，而您决定只按照9万猫元亏本出售这套公寓。

如果您完全以自己的钱购买这套公寓，那么，您会损失1万猫元，或者说您损失最初投资额的10%。

但是，如果您购买这套公寓时利用了5万猫元的抵押贷款，那么，以9万猫元的价格出售之后，您依然要偿还银行的抵押贷款和利息。从这次销售中，您只留下了3.8万猫元。

您将会在5万猫元的投资上损失1.2万猫元，或者说您损失最初投资额的24%。

如果公寓的价格下降50%，那么，所有的销售收入将用来偿还银行，而您将身陷债务之中。

在投资盈利时，杠杆放大了利润。但是，在投资亏损时，损失就比没有杠杆时的损失大很多。

债务是有威力的，它并非免费的资金。如果您打算用它，一定要慎重使用。”

苏格拉底·猫不安了起来。

“现在，我们回到您表弟的问题上。”盖世猫说。

“威利花费7万猫元获得了现在被认为价值12万猫元的一处房产。从9.6万猫元的贷款中，他花了1万猫元用于翻新，计划花费其余的1.6万猫元作为他自己享受的开支，对吗？”

“博基尼就是这么说的。”

杠杆同时放大利得与损失……

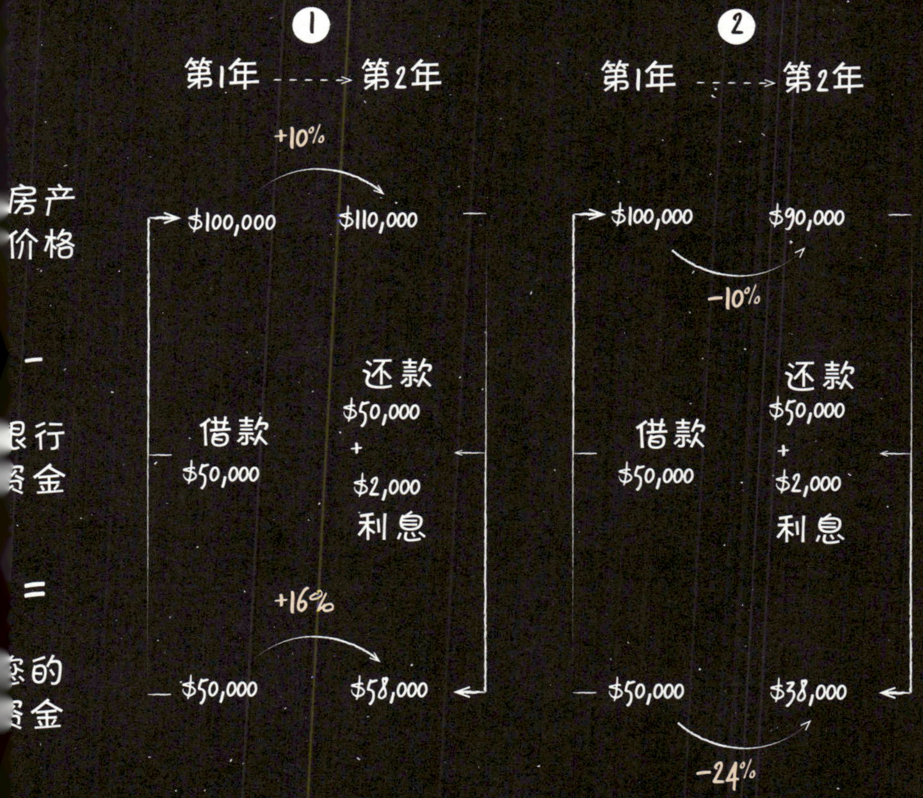

“威利正在犯许多错误。

第一，假设他从银行借贷而且没有花费在房子上的额外资金，是他可以自由花费的资金。而事实上，他所借的资金还不是他的钱。他仍然要用他从房产中赚取的收入来偿还银行的贷款和利息。

第二，威利也许没有考虑房产的租金收益率是否足以支付贷款的成本。考虑到他所借贷的资金额是房产价值的一个比例，如果他的房客一个月不支付租金，您的表弟就几乎没有安全保障。

第三，他的基本假设是，房产市场会一直上涨。”

盖世猫拿出他的笔记本电脑。“让我们看一下数字。比如说，您的表弟贷款的年利率为4%。对于9.6万猫元的贷款，他必须每年支付3840猫元的利息。那还不包括偿还银行最初贷款给他的本金。

那么，让我们假设，他的房产的租金收益率是4%。基于房产评估的价值12万猫元，年租金收入就是4800猫元。

在他的租金收入与利息支付之间，威利每年只赚取不到1000猫元。

如果房产市场确实上涨很多，这种策略可能对您的表弟有利。因为房产价格的大幅度升值，将帮助他在卖掉房屋时还清贷款。

但是，如果他不是那么幸运，房产市场保持稳定或者下跌，他的1000猫元的年收入需要耗费一个世纪的时间才能偿还清他所借的9.6万猫元的贷款。而这还是假设，威利从没有错过任何一次房产租金的支付。”

“这没有给他留下太大的操作空间……”苏格拉底反思道。

“无论如何，我怀疑他的银行不会借钱给他 100 年。当银行上门或抵押贷款到期要偿还时，威利就可能会无法偿还他所借的债务。

威利可能会以破产告终。他的策略是过度杠杆的典型例子。顺便说一下，他可能不会偿还您的 1000 猫元。”

苏格拉底被说得心烦意乱。

“债务能够给予暂时的财富幻觉。但是有时，债务所构建的是纸牌堆成的房子。”

“您所说的听起来感觉债务总是坏事？”苏格拉底说。

“这取决于您怎样使用它。债务可以是一个有力的工具。如果您用债务来启动一个利润大到足够偿还随时间增长的债务项目，那么，借贷可以是融资的一个合法来源。但是像烹调一样，一切都是比例的问题。

好的债务与坏的债务之间的区别是很微妙的，因为问题并不是债务自身的问题。债务仅仅只是一个工具，是一个您如何使用它的问题。

在您使用它时，债务也是一个问题。有些时候，承担债务的代价要小些。还记得我们在第二次会见时，我们是怎样谈论表面收益和真实收益的区别吗？”

“您说，为了知道真实收益，一个人必须考虑通货膨胀的影响？”苏格拉底说道。

“当您负债时，通货膨胀对您有利。当您承担一笔固定利率的抵押贷款时，这就像您自己发行一笔债券，并向银行承诺支付固定的票面利率。在通货膨胀上升的时期，您将向银行支付固定息票的价值，甚至将您在到期最终偿还的本金价值，都会随着时间的增加而降低。这都是因为货币的价值贬值了。

因此，加速通货膨胀的时期对采取固定利率贷款的贷款者有利。”

“在此时租房不是让我成为一个被骗的人吗?”苏格拉底问道。“过去几年房屋价格的快速上涨让我想知道，现在是否是一个买入的好时机，或者应该等待。”

“如果您预期房产价格在最近的未来不会一直上涨，在猫国目前的房产市场租房倒不是一个坏的决定。”盖世猫说。

“房产价格的上升在过去几个月中放慢了，现在的价格似乎趋于稳定，或者稍微在走下坡路。此外，猫国的租金收益在现在是很低的，租金还没有赶上过去几年房产价格上涨的速度。租金收益率大约在4%左右，而抵押贷款的成本也在4%左右。”

“那么?”

“在一个快速上涨的房产市场，最好是成为一个房主，因为您得到了房价升值的好处。

在一个快速下跌的房产市场，最好做一个租客，因为您没有一个房主所担忧的下跌风险。

但是，在一个我们正面临的稳定或者缓慢下降的房产市场，决策就不是那么清晰了。”

“那么，在一个稳定的市场，我们应该做什么呢?”

“您在买房产时所做的事情是，将您储蓄中一些钱转换成您拥有的一笔资产。那么，假设房价依然稳定，您应该对此几乎无动于衷，因为您既没有变得更富，也没有变得更穷，您的储蓄只是配置方式不同而已。您的储蓄不再是像现金或银行存款这些流动资产，而是将财富转换成为一种像房产这样的非流动资产。但是，财富依然是您的。您同意吗?

但是，除了房产市场的行为之外，还有收入和抵押贷款两个因素需要考虑。

在您投资房产时，收入则来自租金，当然如果有的话。但是，主要的成本则是抵押贷款。租金收益率与抵押利率之间的差额就是您的财务缓冲。”

“财务缓冲是什么意思呢?”

“租金收益率与抵押利率的差额，是衡量你能忍受房产价格下降的程度。

比如您决定购买一处房产，并且您采取抵押贷款来支付买价的一半。

让我们假设，这处房产的租金收益率为 4%，而抵押贷款的成本也是 4%。

由于您只对房价的 50% 采取抵押贷款，因此，抵押贷款的成本也只有房屋价格百分比的一半。这就是每年房产当期价格的 2%。

在租金收益率 2% 和抵押贷款成本是房产价格的 2% 之间，

来自房产的净收入现在就是一年 2%，对吗?

这有两种您看待这 2% 净收入的方式:

——您可以将它看作您可以享受的收入。

——或者您可以将它看作保护您免予房产价格下降的缓冲。

这 2% 就是您的盈亏平衡点。只要房产价格一年下降低于 2%，您依然能够从拥有的房产中赚钱。但是，如果房产价格每年下降的速度超过 2%，那么，成为一个租客，将会更好。”

“这就像把租金想成是保险吧?”苏格拉底说。

“这是一种好的比喻。

如果租金收益率和抵押贷款成本的数字不同，缓冲就会明显地看起来不同。

但是，不会改变的是，您依然要将收入看作是预防资本损失的一种缓冲形式。这就会对在一个稳定的房地产市场提供一个何时购买和何时租赁的决择。”

苏格拉底本是带着有现成的成功秘诀的想法来拜访盖世猫的。现在他明白，这里有比他想象得多得多的玄机。对于所有承诺回报的投资，一定要保持谨慎。

16

钻石是永恒的

外汇、商品和其他的保值方式

THE CAT & THE BANKER

苏格拉底查看了一下他的手机新闻。目录顶端的是“狗国股票市场在今年内上涨30%！”的信息。

他对近邻狗国经济的信心正在高涨。像博基尼提到的狗吠行这样的狗国银行的扩张性贷款，也暴露了在边境线另一边的乐观气氛。

新闻标题就是在今天与盖世猫会见时谈及国外投资的一个足够好的理由，并要咨询他的意见。参加讨论会真是诱惑力十足……

“我们还没有谈论海外投资呢。”苏格拉底说。

“您考虑在狗国投资?”

苏格拉底表现得一无所知。

“当涉及到您可以投资的各种资产类型时，海外投资与国内投资没有什么不同。但是，它在有一点上是显著的不同。”

“它是什么呢?”

“外汇。还记得我们在进行计算机测试时所谈论的本币吗?”

“记得记得。我想，在狗国投资涉及不同的货币。”苏格拉底说。

“这非常重要。我们需要高度关注我们投资的货币。我们在国外投资时。我们投资的第一样东西不是投资本身，而是投资的本币，即使我们不是这么想的。”

“那是怎么回事呢？”

“我自己在狗国买了一处房产。我希望这是一个稳定的投资，或者稳步升值的投资。

近一年来，房产价格依然稳定。但是，狗元对猫元的汇率上升25%。

尽管狗国的房产价值没有改变，但是，只是基于货币的波动，我就在我的投资上浮盈25%。”

“这听起来很赞啊！”苏格拉底说。

“在这种情形下，的确如此。”盖世猫回答道。“但是，力学是在起双向作用的。房产的价格可能依然稳定，但是狗元贬值啦。

货币就像我们在机场经过的移动人行道。地面感觉很稳定，但是，传送带在下面不断移动。

因此，我们在国外投资时，需要在我们持有投资时权衡外国货币相对于本国货币是如何变动的。货币总是会处在波动之中，而波动会显著地影响回报。”

“是什么因素造成货币波动呢？”苏格拉底问道。

“在短期，大量的货币波动是随机的，人们并不是十分清楚它们为什么变动。

但是，在较长的时期之内，从直觉上说，货币波动倾向于反映一个经济体相对于另一个经济体所提供的相对回报率。

“您瞧，当一种货币受欢迎时，它就会升值；当人们想要在那种货币的国家投资，或者消费那个国家生产的商品和服务时，这种货币就会受欢迎。

相反，当人们想放弃一种货币时，它就会贬值。当人们试图将他们的资金转移出这个国家，或者如果他们将其资金投资于另外的地方，期望取得更好的回报时，这种货币就会处于卖方的压力之下。

因此，一种货币随着时间的增加而改变方向时，反映了一国经济相对于其他国家经济的吸引程度。”

“您怎样预期一国经济的吸引力如何呢？”苏格拉底问道。

“这与其说是一门科学，不如说是一门艺术。”盖世猫回答道。“但是，投资者会查看各种可以看出趋势的指标。

不同经济体的利率差额是如何演化的，在某些情况下可以传达那些经济体的相对实力的信号。

另一个指标是外国投资者在一个国家的股票和债券市场的投资流量的加速或者减速。更好的回报承诺是一块强有力的磁铁。聪明的投资者试图通过购买外国资产，获取预期的国外经济增长的一个份额。承诺越大，磁铁的吸引力越强。

最终，随着货币流动和发现获取更好回报的方式，货币会调整以反映各经济体的相对强劲程度。”

“那么，我现在应该购买狗元，还是购买以狗元计价的投资产品呢？”苏格拉底问道。

“问得好。您认为狗国目前的经济比猫国更强劲吗？”盖世猫问道。

“看起来是这样的。我听说，在那儿更容易找到工作。”

“您认为狗国会增长得比现在更快吗？”

“我不知道。我没有听到那方面的任何消息。”

“您认为其他人会像您一样想吗？”

“我想是吧。现在看起来这像是大家的一致意见。”

“这样，新闻就有了价值。”盖世猫说。“猫元与狗元之间目前的汇率水平可能已经反映了狗国经济的预期实力，以及狗国与猫国的增长速度之间的差异。

如果投资者开始预期狗国的经济增长会更快，或者猫国的增长放慢，那么狗元就可能继续升值。

如果狗国的增长与预期的速度相比放缓了，即使狗国经济继续快速增长，那么我们就会看到狗元贬值。

您看，绝对增长水平并不重要，所有的一切都是加速和减速的问题。”

“所有这些又是关于预期的……”苏格拉底说。“有没有另外一种办法，让我既从狗国的增长中获益，又无需直接在那儿投资呢？”

“有的。您可以考虑，狗国有它快速发展所消费的许多东西。

举例来说，狗国目前的增长意味着包括建筑材料、能源和食品在内的原材料的更大需求。狗国的发展已经造成许多商品的价格上涨。如果狗国的经济继续以目前的速度或更快的速度增长，那些商品的价格上涨会更加迅猛。”

“因此，从狗国增长中获益的一种方法可以是，在需求用来促进狗国经济发展的原材料方面进行投资吗?”

“确实是。顺便说一下，这也有一个在商品资产类型进行投资的可能理由。

投资者可能会购买像钢材、小麦、石油和沙子之类的原材料，如果他预期到，这些原材料和用它们生产的东西会有更大的需求和变得更有价值。

但是要记住，正如像股票一样，经济状况的变化与商品之间的直接联系，会让商品价格易于变动。而且，与股票、债券或者房地产不同，商品的一个独特的特征是，商品不产生收入。这里没有对商品价格变化的缓冲。”

“没有什么东西感觉到相当稳定或安全?”苏格拉底说。

“不错，任何东西都在变动。管理金钱就是设法解决一个动态难题，投资者需要领先一步。但是要记住，既使现金形式的金钱都是不稳定的。”

“是的，甚至货币的价值都会变化，因为通货膨胀能够侵蚀它。”苏格拉底叹着气说。

“因为我们在讨论金钱，还有某些其他的东西我想告诉您。

在我们第一次会面时，我们曾说，为了实现我们财富的保值或增值，投资就是要找到比现金更好的价值储存手段。

“我们也说过，以现金形式持有我们的财富，其中一个风险便是受通货膨胀的侵蚀。但是，持有现金还有另一个风险。我们现在使用的现金根本没有它自己的价值。”

我们现在使用的货币

没有其自身的价值

“这是什么意思呢?”

“我们能够使用银行票据和信用卡来支付牙膏和彩虹衬衫的原因，是因为猫国政府说，这些类型的货币支付是法定的支付方式。这就是为什么在猫国可以用猫元来购买任何东西的原因。

不过，想一想，您并不能对猫元做些什么。它们看起来并不是特别漂亮，它们尝起来有塑料味，您又不能吃了它们。这类货币有一个名字。”

“看起来丑陋和尝起来有塑料味的货币吗?”

“不是的。这些依赖人们的信念赋予货币价值的这类货币叫做‘法定货币’。法定货币本身是不具有价值的。您不能去找当局，要求他们将您的猫元兑换成黄金或其他任何有价值的东西。只要当局承认可以用猫元来购买东西，那么它就是一种安全的资产。只要我们和其他猫信任政府和制造货币的机构，这就是可能的。”

“这是某种阴谋理论吗?”苏格拉底问道。

盖世猫大笑起来。“不是的。

猫元的价值不仅在于您相信其他人会接受它们作为支付方式，而且在于您信赖猫国政府会长期或永久维持其价值。

但是，从您与您的表弟威利的经历来看，信任是一个很微妙的东西，有许多方式可以改变猫元的价值。举例来说，如果政府开始印刷过多的猫元，猫元就会贬值。

这类不寻常的考虑就是，有些投资者为什么喜欢制定权变计划。对他们来说，这就是要在传统的金融系统之外拥有投资的一种情形，因为这个系统有时会崩溃，对货币价值的信心消失殆尽。”

“您考虑的是什么类型的投资呢？”苏格拉底问道。

“稳健的投资者会考虑一些其他保值的方式。其他保值的方式就是那些不是股票、债券、房地产、货币或商品，而是像艺术品、古董、收藏品或像黄金等贵金属这类有价值的资产。

像商品一样，其他保值方式不产生收入。如果说有什么不同的话，它们需要花钱来储存。”

“那么，为什么要对它们这么费心呢？”苏格拉底问道。

“您可能听说过最近的新闻，由猫克逊·波洛克（Catson Pollock）画的一幅令人唾涎欲滴的油画，卖了 1.4 亿猫元。”

“我知道，这些保值方式可能会赚到钱。但是，像商品一样，它们并不产生收入这个事实是否是一个问题呢？”

“在其他保值方式之中，现金流量支付的缺乏可能在多样化的背景中实际上是一个有趣的特征。这意味着，这些资产并不像股票、债券和房地产一样对同样的驱动因素进行反应。它们并不是从同样的东西中获得其价值。因此，我们不能像我们估价股票一样的方式来为黄金或艺术品定价。

我们说过，股票的价格反映了这种股票未来会支付的股利的预期。但是，黄金和艺术品的价格只不过是由对它们有多大的需求和供给来决定。它们的价格仅仅是其实际的或感知的稀缺的函数。这不必然是一个优越的定价模型，它只不过是不同而已。不过，不同就是好，因为不同就是多样化的实质。

像艺术品、收藏品、古董和贵金属这些其他保值方式的另一个吸引人的特征是，如果您自己持有它们，它们不存在交易对方的风险。”

“什么是交易对方的风险呢？”

“当我们购买股票或债券，或者仅仅当我们将钱存放在银行时，与我们签订合约的公司、政府或银行总有一个不管多么小的可能性，可能会拒绝或者不支付他们欠我们的钱，这就是交易对方的风险。

不过，我们可以使自己持有的资产没有这个问题。如果我们需要它们，我们并不需要在银行排队获取它们。”

“您的意思是，我应该购买点黄金持有么？”苏格拉底问道。

“也许值得考虑，尽管提到其他保值方式的好处并不是做特别推荐的原因。另外，需要强调的是，各种资产类型在一系列不同的情境中会有不同的可取性质。”

“我意识到了这一点。”

“如果您不希望将其他保值方式看作一种投资，您可以将它们看作一种保险的形式。在危机时期，投资的焦点就从增长财富转移到保存财富。要拥有一些与其他投资方式表现得不一样的投资。”

苏格拉底点了点头。

盖世猫从他的口袋里掏出一个折叠文件看了看，上面写着“投资组合的构建要素”“我们到了资产类型目录的底部啦！”他说，“我们在这周末之后再见，好吗？”

17

幕间休息

糟糕的下午

THE CAT & THE BANKER

苏格拉底在周末查看了一下他的手机新闻提要。

头条新闻是小猪行被“狗盛”银行（Dogman Sacks）——狗国最大的银行收购了。这两家银行合并成为一家新的公司“比特犬银行”（PitBull Bank）。

苏格拉底在“狗歌搜索”（Poodle. com）这个搜索引擎上查询更多的信息。社会媒体上的评论认为，这不是一次善意的收购。

所以，当他在星期一下午去银行与盖世猫进行约定的会见时，第六感官告诉他，他察觉到可能有什么猫腻的东西。

苏格拉底在接待台自我介绍说：“我要会见盖世猫先生。”

“对不起，先生。我们很遗憾地通知您，盖世猫先生不再在我们这儿上班啦。”

“这是什么意思?”

“这个周末发生了一些变化，先生。但是，我在日程表上看到，势利眼·范德猫（Snoot Van der Kat）先生会接待您。他正在六号房间等待您。”

苏格拉底很不高兴，但他还是去了会议室。这个会议室是在地下室。他发现鬼脸这只美洲豹正在等他。这间屋空荡荡的，没有窗户，光秃秃的墙壁，一张小桌子，两张木质椅子和一个吊灯。

“喂，猫友！”范德猫一边解开他的夹克纽扣，一边说。“关上门，坐下，不要拘束。”

苏格拉底坐了下来。不过，他并不感到舒适。

“我看了一下您的文件，没留下什么印象。自从几周前您第一次来到银行，似乎没有进展。所以，让我们开始吧。我知道，您想要投资 10 万猫元，对吗？

今天是您走运的日子。我恰好有您所需要的东西。”鬼脸摸了摸他的皮带，擦了擦他的爪子。

“但是……”

“让我来告诉您这桩难以置信的投资。这是一种令人惊异的产品，要约只在今天有效。在我们完成谈话之前，这种产品甚至可能就卖完啦。

这种产品就是 75 年的票据。它保duo，只要一盎司黄金的价格与一盎司白银的价格的比率仍然停留在 81 以下，它支付的票面利率就按照海蜇的价格指数变化。

81 呀……您没有注意到吗？这是黄金比率的一半。为什么不喜欢这种呢？这可是千载难逢的机会呀！”

“但是……”

“在这儿签字。”

苏格拉底犹豫不决。

鬼脸用他的爪子指着合约的空白处。“这儿，在这条线上。注意啊，我们可没有整天的功夫呀。”

火警响声打断了范德猫的销售攻势。“哼……消防演习。呆在这儿，朋友，我会马上回来的。”

苏格拉底看着门外，他不认识任何一个小猪行里的人。于是，他趁火警引起的混乱，快速走出了大楼。

当他走到街上，花了片刻的时间冷静下来，被吓得目瞪口呆。这次会见真是一次拦路抢劫……他得与盖世猫谈一谈。但是，怎么找到他呢？

苏格拉底掏出他的手机，要求机器猫“搜寻盖世猫”。

机器猫回答道：“盖世猫在拴狗会所（LeashedIn）这个专业人士社交团体。职业：无。先前的工作地点（Gig）：小猪行。”

苏格拉底放松地叹了一口气：“给他发送一个聊天。”

盖世猫很快就有了回复，答应会给苏格拉底打一个电话。苏格拉底接通了电话。

“多谢您的联系。我非常非常地抱歉”，盖世猫在电话中说。“我们声誉好的老小猪行被狗盛收购啦。真是一场劫难，到处都是毛皮。他们的文化是如此不同，我被新老板解雇了。我可是一只狮子呀！这些狗国的银行……真是一个狗咬狗的世界呀。”

苏格拉底一边听着，一边同情地点了点头。然后，他告诉盖世猫在最近的会见上所发生的事情，与新顾问的会见更是可怕呀。苏格拉底询问盖世猫，他是否能够帮他继续提供咨询。

“恐怕，我不能再给您提供建议了。”盖世猫说。

“甚至……非正式的？求求您啦……”

在他的手机屏幕上，盖世猫看到苏格拉底正在扮可爱猫咪状。他叹了一声说：“也就是您，苏格拉底。明天下午两点钟，在‘凌乱咖啡屋’（Clutter Café）见面。”

因此，他们在露台相见。苏格拉底要了一份卡吐奇诺咖啡（Cattuccino）。盖世猫仍然处在极度震惊之中，他点了一份猫国自由咖啡（Catland Libre）。

“我很高兴，您偷偷地从昨天的会见中溜了出来，苏格拉底，这些人简直是土匪。您刚才通过之前我们的对话了解到，不要盲目信任您的财务顾问。”

“告诉我……但是，为什么鬼脸这么热心呢?”

“您要提防财务顾问的动机。财务顾问通常要推销金融产品。当他们设法卖出产品时，他们会得到报酬。而且，他们也许有很强烈的动机去推销复杂的产品，因为复杂的产品支付更高的报酬。

但是，您做得很好，不要参与那些您不懂的投资。他们也许会承诺比更简单的产品更高的回报率，但是，它们也许会附带一些模糊的条件。有时，如何运作他们自己都不是十分清楚……

而且，犹如您所经历的，您的财务顾问在您回来找他们时可能已经不在这家公司了。”

“我注意到了这一点。”

“我不是说，范德猫推销的产品不会做得好。我并没有一个水晶球，我们只是仍然不知道而已。

提防您的财务顾问的动机

不过，当您不懂那些要您承担风险的投资产品时，您有权利不接受。如果有所怀疑，花点时间想一想，自己独立地做出决策。一旦您在一个交易上签了字，您就要独自负责了。”

“但是，这个复杂的投资方案是从何而来的呢？到目前为止我们还没有讨论过它。”苏格拉底说。

“投资中有不同水平的复杂度。

我们谈论的投资品，如股票、固定息票债券、房产、商品等，都有其基本的构造要素。但是另外，一些金融产品将它们组合起来，或者在它们之上像婚礼蛋糕一样一层层的构建。”

“我想要那样做。”

“牢牢记住，银行只不过是那些寻找融资的人和那些能够提供融资的人之间的中介机构。因此，银行按照与任何其他企业相同的方式经营。无论他们购买的是什么，他们都想要卖出盈利。他们也试图不要在他们自己的账户上太长时间持有金融产品，这就像肥鱼公司无缘无故储存生鱼一样。

一些银行最终持有的金融产品在性质上非常复杂，一些这样的产品叫做衍生品。它们是其价值衍生自其他金融产品价值的金融产品。

但是，银行并不总是想要管理持有这些复杂产品的风险。于是，他们努力去找其他人来接手这些产品。

如果银行不能以原初的形式将它们处理掉，他们可能尝试做的就是，在产品上增加点口红，以便让产品新娘看起来更加漂亮。这就是进入结构化产品魔术世界的地方。

结构化产品可能是银行回收那些他们不想再持有，但也不想卖掉衍生品的一种方法。结构化产品有点像鱼丸。对于消费者而言，并不十分清楚它里面包含有什么成分。如果他很幸运，消费者可能会得到优质鱼。但是，他们也可能得到在前一天没有卖完的劣等尾巴和骨头。

因此，要警惕那些您不懂的复杂产品。最好是远离它，而不是冒着消化不良的风险。”

苏格拉底有点难为情地问道：“我知道，您不再在小猪行工作。但是……您已经告诉了我如何管理资金的一切了吗?”

“我真希望我们已经讨论了更多的东西，苏格拉底。我也希望事情的结果有所不同。”

“难道这意味着我们不再相见了吗?”苏格拉底呜咽着说。

盖世猫叹了一口气说。“我做事要有始有终。我们再见几次面如何，我们也许就可以完成这个任务了，怎么样?”

18

把羊毛集中起来使用

基金

THE CAT & THE BANKER

苏格拉底和盖世猫第二天再次在混乱咖啡馆的露台上会见。当苏格拉底环顾四周时，邻桌上《黑猫纪事》的标题吸引了他的注意：

“自从狗盛和小猪行合并以来，猫证 40 指数（CAT40）上涨了 40%。”

“那是什么意思呢？”苏格拉底一边指着报纸，一边问道。

“这意味着，银行合并的消息可能支撑了猫国的股票。

投资者似乎对这起收购案表示乐观。他们期望新合并的银行会在未来降低成本，赚取更多的利润。

这也可能是经济中其他行业进一步合并的前兆。因此，股票价格平均来说上涨了。它们反映了投资者乐观的预期。”

“不过，什么是猫证 40 指数呢？”苏格拉底问道。

“对不起。猫证 40 指数就是在猫国股票交易所挂牌的 40 家最大公司的指数。

整体而言，投资者将猫证 40 指数看作是猫国公司的一个相对有代表性的样本。所以，这个指数就给出猫国的股价在整体上是如何变动的感觉。

例如，在合并之前，原来的小猪行占该指数的 2%，卡特彼勒占 3%，而肥鱼占大约 4%。假如猫国 40 家最大的上市公司恰当地代表了猫国经济的不同行业，那么，猫证 40 指数的演化就传达了投资者期望猫国经济朝哪个方向走。”

“嗯……是有些道理的。如果您不介意，其他您想要告诉我的事是什么呢?”

盖世猫回答道：“我们谈论了投资组合的构成要素：现金、股票、债券、房地产、外汇的影响、商品和其他保值方式，以及在投资时要考虑的许多风险。

不过，我们还没有谈论一种实用的投资工具。现在是谈论基金的时候了。”

“基金……它们是什么呀?”

“基金只不过是由职业基金经理管理的一篮子各种投资产品。

您现在应该对各种投资类型是如何运行的有了一个更好的理解。但是，如果您自己仍然对挑选单独的股票、债券、房地产或商品感到迷茫，那么，您也不必自己挑选。当然您也可以自己挑选，但您还有其他的选择。您可以让投资专业人士帮助您挑选，并为您随时管理这种选择。”

“我怎样才能得到专业人士的帮助呢?”

“为您做出投资选择的一种方法就是投资基金。投资基金实际上是雇佣某人来为您管理一笔资金。

基金运行的方式是，将各种投资者的资金集中起来，然后基金经理对这个资金池进行投资，目标是为基金中的投资者获取收入或资本利得。”

“难道这意味着基金经理能够用基金做任何他想做的事

情吗?”

“不能。基金是按照具体的授权进行管理。它的投资目标和范围都陈述在基金的文件之中。

您可以依据您投资的股票、债券、房地产、商品或者这些某种组合等资产类型来选择基金。但是，您也可以依据基金所采取的投资战略来选择基金。比如基金是否关注收入、增长或者资产类型的某个特定部分……

比如，一个投资股票基金的可能授权就会是，对猫国的旅馆和休闲行业内成熟公司的股票进行投资。”

“我明白啦。”

“基金带来的便利是，它们是一篮子的投资。因此，从构造上说，它们就在一个特定的资产类型中，或者在不同的资产类型之间，提供了一定的多样化。”

“这里有陷阱吗?”

“投资基金的一个缺点是，基金经理会为他们的服务收取费用。”

“他们收取多少费用呢?”

“这要视基金而定，”盖世猫说。“有两种广泛类型的基金：指数化基金和积极型基金。指数化基金的费用是年度管理资金百分之一的百分之几，积极型基金的费用可能要年度管理资的百分之几。”

“指数化基金和积极型基金有何差别呢?”苏格拉底问道。

“在一个积极型基金中，基金经理挑选投资产品，并根据他的最佳判断和在基金授权所设定的范围之内随时调整他的选择。

这样，基金经理就会努力获得一个比基金投资市场平均回报更好的绩效。这也是您为什么要给他们支付更高费用的原因，因为您会期望基金经理增加洞察力和价值。”

“指数化基金如何呢?”

“在一个指数化基金中，基金经理在组合内没有投资选择的自裁权。

指数化基金也叫做跟踪型基金。跟踪型基金的目标就是要复制一个特定市场的绩效。

跟踪型基金的一个例子就是追踪猫证 40 股票指数的绩效。”

“它是怎么做到的呢?”

“跟踪型基金会根据这个指数的各自权重来购买这个指数的每一个股票。

比如，原来的小猪行在合并前占猫证 40 指数的大约 2%，卡特彼勒占 3% 和肥鱼公司大致占 4%。因此，对于投资者在一个猫证 40 指数的跟踪型基金中每投入 100 猫元，2 猫元会被投资在小猪行的股票中，3 猫元会被投资在卡特彼勒的股票中，4 猫元会被投资在肥鱼的股票中，以及在那些构成猫证 40 指数的其他公司的股票中进行相似的投资。”

“难道指数化基金仅仅适用于股票吗?”

“跟踪型基金不限于股票市场。只要基金能复制特定的债券指数、房地产指数或者商品指数，这就可以有政府债券或者公司债券、房地产、商品等方面的跟踪型基金。”

“那似乎很便利。”苏格拉底说。

“它确实让投资变得更容易。

但是，您所需要知道的是，在跟踪型基金中，资金在不考虑投资的质量或者购买价格的情形下就会投资，只要它们是跟踪指数的一部分即可。

不过，在一个积极型基金中，基金管理小组只能选择那些他们相信是好投资的个别股票或债券亦或房地产投资。

例如，一个授权在猫国股票上投资的积极型基金经理，不仅可以只在构成猫证 40 指数的 40 种股票中的 10 种进行投资，而且也可以在猫证 40 指数之外他们感觉那些值得购买的其他股票进行一些投资。积极型基金有更多的自裁权。”

“但是，他们收取的费用更高。”苏格拉底指出。

“是这样的。这就是为什么一些投资者转而偏好在跟踪型基金投资的原因。它是一种便宜和简单多样化的投资形式。

例如，如果您的目标是获得猫国股票指数绩效的回报，您就要在跟踪型基金投资中选择。

在指数化基金中的投资是一种被动复制的形式，有时也称之为‘追踪贝塔’（Beta）。用金融的行话说，追踪贝塔就是‘追随市场’的另一种说法。

但是，积极型投资指望产生‘阿尔法’（Alpha）或者额外的绩效。”

“我就是一只阿尔法猫！阿尔法猫会冒险，而贝塔猫则追随。”苏格拉底想到一个记住的方法。

“一些投资者相信积极型基金经理会提供有价值和专业的知识，因为他们认为，积极型基金经理可以识别价格估值，更好地做出预测，并受益于那些洞察力，从而比仅仅被动追踪市场绩效的方法要更好。”

“您让我想起了音乐。”苏格拉底说。

盖世猫感到非常诧异，于是问道：“为何如此？”

“当您在描述投资的两种方法时，我一直在想……在被动投资方法中，您追踪市场的绩效而无需做出判断。在某种意义上说，这就像听音乐，让您自己跟着音乐节奏走。

不过，在积极型投资方法中，这就像听音乐时还要关注可能的不和谐音。”

“您说得对，苏格拉底。当不同投资产品的价格讲述了一个连贯的故事时，它们就形成了一种和谐的旋律。

但是，当价格似乎走调时，就是一个可能有危险或机会的信号。因而积极型经理就可能会决定行动。”

“您认为哪一种方法最好呢，盖世猫？”

“两种方法都有其优点，无法确定哪种更好。

一些积极型管理基金可以提供难以置信的业绩回报，而还有一些积极型管理基金甚至比不上简单指数化基金的业绩。因此，可以合理地问一下，那些绩效差的积极型管理基金如何证明他们收取昂贵的费用是正当的呢？

找到一位杰出的投资组合经理不是一件容易的事情。因此，如果您决定要通过积极型管理基金来投资资金，您要注意您是怎样挑选基金经理的。”

“在投资之前，我要怎样评估一位基金经理呢？”苏格拉底问道。

“您提出了一个重要的问题。

为了衡量基金经理的绩效，我们先要界定衡量他们的什么东西。要回答这个问题，我们需要讨论积极型基金经理的目标。

积极型管理基金把两种类型的绩效作为目标。他们或者瞄准绝对绩效，或者瞄准相对绩效。”

“有何区别吗？”

“以绝对绩效作为目标的基金想要赚钱和获取正收益，不管他们投资的市场是否上涨或下跌。

评估这些基金绩效的第一部分是相对直截了当的。您看一看他们是赚钱还是亏钱。

但是，这不是全部。更难的部分是了解基金为了得到他们的收益而不得不承担更大的风险。

测量它的一种指标是夏普比率（Sharpe Ratio）。不过，还有其他相似的度量法。夏普比率衡量在给定基金承担的风险水平下，基金在无风险利率之上获得的回报率是多少，而无风险利率就是投资者从短期政府债券所获得的回报率。

因此，夏普比率就是基金获得的超额回报率与基础投资的波动程度之间的比率。这个比率越高，基金经理的技术就越好。

夏普比率小于 1 表示不足够好；夏普比率大于 2 表示非常好；夏普比率大于 3 表示优秀。”

夏普比率

=

基金绩效 / 回报的波动率

（除以）

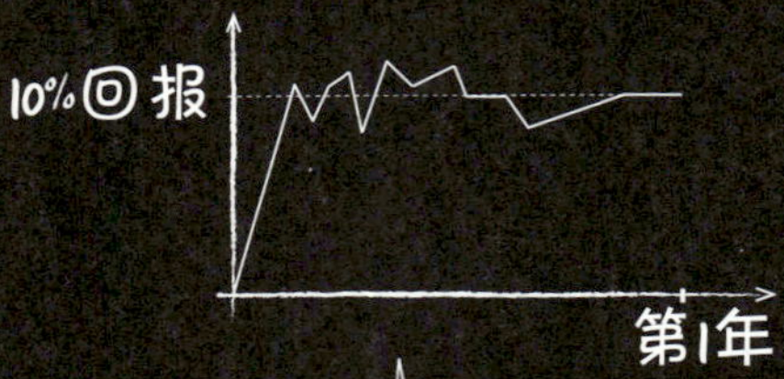

1. 低波动率（稳定回报）
=> 高夏普比率

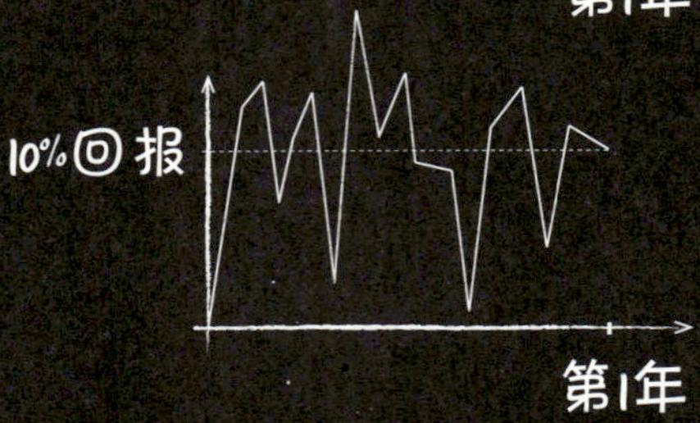

2. 高波动率（跳跃的回报）
=>低夏普比率

（同样的最终绩效）

“那么相对绩效又如何呢？”

“其他基金的目标是相对绩效。这里的意思是，他们以一个叫做‘基准’的参考投资组合的绩效来衡量投资绩效。

基准就是像猫证 40 指数这样的东西。它就是模拟一个特定市场或者一个资产类型的整体绩效模型来投资组合。不管正或负，基准的绩效设定了基金经理要超越的绩效。”

“您能举一个例子吗？”

“比如说，您决定在一个以猫证 40 股票指数为基准的基金中投资。

如果猫证 40 指数在年底上涨了 10%，而基金的回报率为 8%，那么，即使它是正的，基金的回报率也算不上一个足够好的绩效。一个好的绩效应该在 10% 的基准回报率之上。

另外，如果猫证 40 指数下降了 10%，而投资组合经理亏损了 8%，这种负面的绩效就相对绩效基金而言也算一个体面的回报。基金经理的确做得比基准更好。”

“那么，甚至亏钱都能被算作一个好的业绩吗？”

“没错。在相对绩效基金的情形下，可能会有这种情况。但是，正像对积极型基金一样，您也需要关注基金经理承担的风险。对于相对绩效基金而言，一个等效的夏普比率就叫做信息比率。它是基金超过基准的回报率与投资相对基准的波动程度之间的比率。

现在，我们可以回答您提出的问题：‘我要怎样选取一个积极型管理基金呢？’这是一张您需要回答的几个问题的检查表。

挑选基金的
检查表

- ☑ 投资机会
- ☑ 过去的业绩
- ☑ 适当的风险
- ☑ 流动性

将您的钱交给某个其他人管理是一个重大的决定。请询问各种问题，这是您的钱。如果可疑，要远离它。

1. 投资机会

基金是暴露在您愿意它暴露在的资产类型或者经济中的特定行业吗?

2. 过去的业绩

基金经理很好吗? 过去的绩效明显不是未来业绩的保证,犹如过去的环境不会再重复自己一样。虽然这样说,但不管这个基金过去的业绩与基准的业绩相比如何,基金的'过去的回报率'通常是你可以检查并评估基金经理技术水平的少数几个指标之一。因此,务必要看他们的历史业绩。如果不是很好,为什么还要进一步合作呢?

3. 风险

不要被过去的良好业绩或者高收益的许诺迷住了眼睛。事实上,不能只是单独关注业绩。保护您的资金应该是您高度关心的事情。因此,要确保您对基金的投资理念和投资程序认同。换句话说,您的基金经理是否达到了您寻求的回报,他的方式是否得到您的认同。重要的是要明白,投资组合经理是如何实现他的回报的,是依据他的良好判断还是只不过是鲁莽的赌博产生的业绩。您需要对投资程序的健全和连贯感到满意。

4. 流动性

基金的流动性如何? 如果您决定要回您的资金,将您的钱提出的容易程度如何?"

"如果经理们说他们都是好样的,怎么办呢?"苏格拉底问道。

"他们总是会这样做……但是，将您的钱交给其他人管理总是一个重要的决定，不要被权威吓住了。要问问题，钱是您的，您有各种权利知道它是如何被管理的。如果有所怀疑，离开他们。"

苏格拉底总结道："您所说的就是，我要投资在拥有各种不同资产类型的基金，而不是去购买个别的股票和债券、房地产或商品吗？"

"没错。请记住，您不必经过一家银行去投资基金。您可以直接去找基金经理。您也可以去寻找网上基金平台，购买更好的基金。或者，您甚至可以使用机器猫顾问。"

"但是，我怎样决定在各种资产类型中配置资金呢？"苏格拉底问道。

天空变得阴暗起来，一阵寒冷的微风吹过来。"多么及时呀"，盖世猫说。"天气变了。如果可以的话，苏格拉底，我将明天回答您的问题。我们来谈论一下经济季节。"

19

风在四面八方吹

经济季节

THE CAT & THE BANKER

外面正下着倾盆大雨。苏格拉底和盖世猫在咖啡馆内会见。在苏格拉底到达时，盖世猫正在读着《黑猫纪事》。报纸的头版写着“随着经济增长迟缓，狗国的中央银行削减基准利率0.5%”。

苏格拉底看着被雨滴模糊的窗户说：“我们今天谈论……天气吗?”

盖世猫折起报纸，回答说：“是的，我们要谈论季节。您瞧，苏格拉底，绝大多数猫都认为投资仅仅是赚钱的方式。但是，很少有猫将投资看作是工具。”

“但是，它们就是赚钱的方式。”苏格拉底反驳道。

“它们的确是赚钱的方式。但是，绝大多数猫在选择投资时所忘记的是，在一定环境选择特定类型的投资是多么重要。

股票不会在与债券同样的环境中做得好。债券也不会在与商品同样的条件下做得好。

不同的资产类型会对不同的事情敏感。”

“因此，您是说，在选择特定的投资之前，我们也应该考虑一下我们所期待的未来会是什么样子?”

“没错。更准确地说，我们应该考虑我们所期待的经济状况是什么。

尽管您可能会对一种特定的资产类型，如股票、债券、房地产、商品等，以及如何从它们身上获得回报而着迷，但是，您也该退后一步想一想，您为什么在这个特定的时刻选择这种特定的资产类型。

您瞧，在冬天之时，我们不会在外面穿着与春天同样的衣服。同样，不同的投资就是适应不同类型的预期经济环境，或者可以说是为未来的经济季节所准备的工具。”

“但是，您仍就可以在一个特定的资产类型内寻找好的交易吗?”苏格拉底指出。

“没错，您可以那样做。一个特定资产类型中的一笔特定投资可能会有它的个别价值。

比如说，由于附近新建的地铁站，城市中的一处特定房产可能会有较大的升值潜力。或者说，瘦鱼公司的股票在目前可能与肥鱼公司的股票相比被低估了。

但是，那处房产并不会与其余的房地产市场所做的事情完全绝缘，正如瘦鱼公司的股票不会完全对股票市场其余部分的表现免疫一样。

如果房地产市场或股票市场总地来说朝着一个方向变动，那么，这处特定房产的价格或瘦鱼公司股票的价格也可能会受到影响。

这也就是为什么需要考虑比投资品本身更广泛的市场环境和经济环境，以及更广泛的经济环境下加以考虑的原因。”

“那么，我该如何看待……经济季节呢?”

盖世猫打开一张餐巾纸，开始在上面画一个象限图。

经济季节

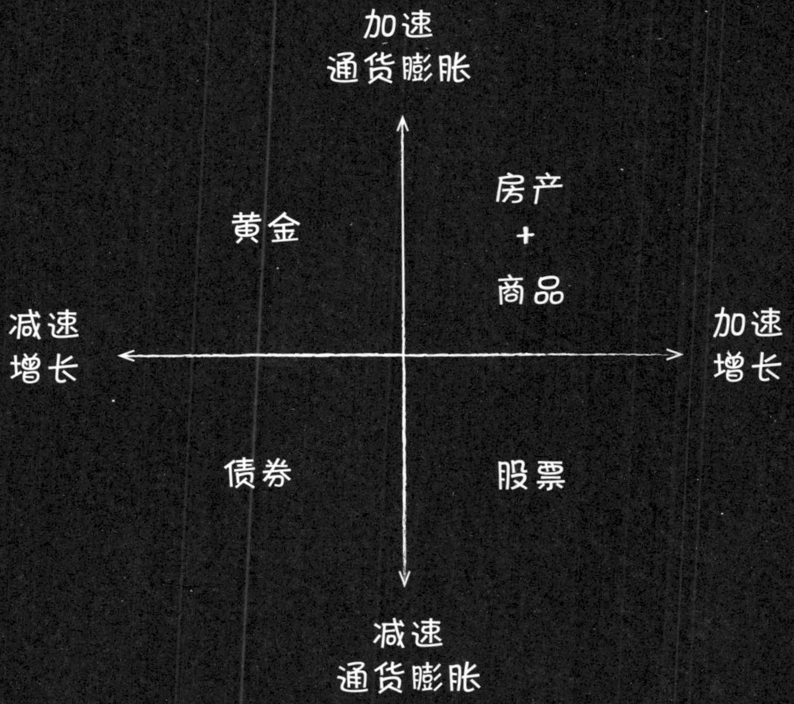

“我们可以界定四个经济季节，每一个季节都同时反映通货膨胀上升和下降与经济增长的上升和下降的四种可能组合。”

“您为什么叫它们季节呢?”苏格拉底问道。

“因为不同的组合一般会随着经济的起伏按照特定的规律波动。”

“那么，为什么是通货膨胀和经济增长呢?”苏格拉底继续问道。

“这两个特定的变量是衡量经济脉搏的重要指标。它们的重要性主要有两个原因。

第一，这两个变量的不同组合代表了经济整体上的真实回报。然后，经济的真实回报会向下转变成不同投资类型所获得的回报，比如股票的股利，债券的息票，房产的租金，以及原材料价格的演化。

第二，这两个变量的不同组合影响中央银行这个经济中的权势参与者的行为。通货膨胀和经济增长碰巧是中央银行痴迷关注的两个问题。”

“中央银行?我认为您之前没有告诉过我……但是，我看到他们在今天的报纸中被提到啦。他们是干什么的?”

“每一个国家都有一个中央银行。

中央银行就是负责货币政策的国家垄断机构。”

“什么是货币政策呢?”苏格拉底问道。

“货币政策的目的就是通过管理经济中流通的货币来促进经济增长，确保物价上涨，但不能上涨太快。我来详细分析一下这个句子。”盖世猫说。

“请讲。”

“促进增长应该是一个好理解的相对直截了当的目标。”

“我想是这样的。”苏格拉底说。“我能理解我们为什么关心增长。创造新的工作岗位是重要的。而增长，至少在理论上，是应该帮助猫国的人民变得更加富裕。但是，确保物价上涨怎么说呢?”苏格拉底问道。“您曾说，通货膨胀是坏事。”

“我们在第一次会见时，我们解释说通货膨胀为什么是储蓄者的敌人。但是，一点点的通货膨胀实际上对经济的正常运转有好处。”

“这怎么可能呢?它让储蓄者变得更穷!”苏格拉底说。

“完全准确。”盖世猫回答道。

“在一个以消费者为主导的经济增长模式中——在猫国或狗国这样的国家中，我们就属于这种增长模式——商品和服务的价格略为上涨会促进经济增长。

想一下，上涨的价格刺激消费者现在就购买。如果价格在未来会预期上涨，就会制造一种紧迫感。在它们明天变得更贵之前，今天购买东西就是有道理的。”

“那是邪恶。”苏格拉底说。

“有点。但是，所有一切都是一个限度问题，因为通货膨胀太多就会有害。

当通货膨胀跑得太快时，猫们就会快速地失去购买力，生活变得无法忍受，企业就不能足够快地调整他们的价格，以便将不断上升的经营成本转嫁出去。因此，他们的利润边际就会恶化，一些公司会以破产告终。”

“那听起来太可怕啦。”

盖世猫继续说道：“奇怪的是，还有另一个极端，我们叫做通货紧缩的负的通货膨胀，与过度的通货膨胀一样，对经济而言也是坏事。

当他们认识到，不需要急匆匆地去购买时，猫会停止购买东西。由于他们等待的时间越长，就越能获得更好的交易，因此，他们可以延迟其消费。

这可能对消费者有暂时的好处，但是对公司和他们雇用的猫而言则是可怕的。”

“喔，是的。”

“这就是为什么许多中央银行，不仅仅是猫国的中央银行，每年想要在经济中实现一点点通货膨胀，比如2%至3%的原因。

如果在该国的经济中一般的价格水平不上升，中央银行会巧妙地安排一点通货膨胀。但是，如果通货膨胀上涨得太快，中央银行就会打击它。

因此，一家中央银行的通货膨胀梦想就是金发姑娘[1]和熊的故事：不要太烫，也不要太冷。”

“我想，我明白了。但是，经济中流通的货币量与这些增长和通货膨胀目标有什么关系吗？”

---

① “金发姑娘经济”指的是维持适度增长和低通胀的经济。

“中央银行通过刺激或者降低需求来影响经济增长和通货膨胀。中央银行用来影响需求水平的主要工具就是轻微调整借贷资金的成本。它们让借贷或者更加昂贵，或者更加便宜。”

“他们怎样做呢?”

“中央银行一般而言通过设定和调整短期利率水平来调整资金的成本。它设定非常短时期的借贷资金的成本。”

“我可以从中央银行借款吗?”苏格拉底问道。

“您不能以个人的名义去借款。但是，普通商业银行可以去借款，然后，您转而从普通商业银行借款。所以，当中央银行降低短期利率时，借贷也对每一只猫间接地变得便宜。

当猫们贷款更多和花费更多时，更便宜的借款刺激了消费。这就是中央银行在注意到需求变得太脆弱而不能吸收公司所产出的东西时所做的事情。”

“这就是报纸今天所指的事情吗?”

“是的。狗国的中央银行降低了短期利率水平来刺激需求，并缓和他们现在预期到的经济衰退的冲击。”

“难道中央银行只降低利率吗?”苏格拉底问道。

“不是的，他们也在必要时提高利率。

当中央银行提高短期利率时，它就使借款变得更加昂贵。当借款变得更贵时，猫们就会减少他们的支出，转而集中偿还他们已经欠的钱。

这就是中央银行在它们预期到需求接近于达到经济的生产能力，以及过热的需求开始导致更多的通货膨胀时所做的事情。”

经济影响投资价格的两种方式

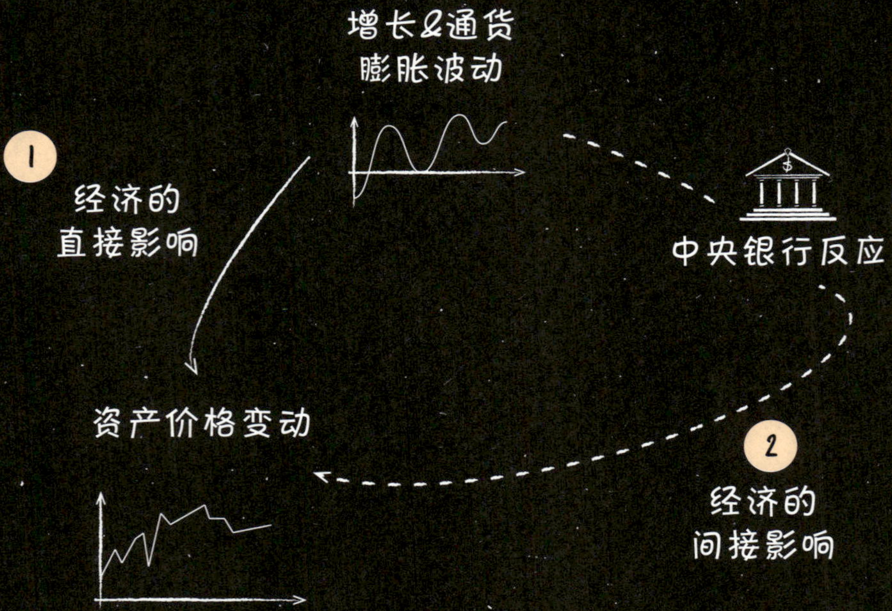

“我明白啦。”

所以总的来说，猫国的中央银行平均而言所做的事情就是，鼓励猫们以恰好、适当的速度借贷资金，以便经济以一个适度的节奏持续扩张。

在我们猫国或狗国所有的需求驱动的增长模式中，债务就是中央银行依赖的、用以调节经济温度的燃料。”

“那么，猫们被鼓励去承担债务吗?”

“在某种程度上他们是这样的。我们目前的经济制度就是被设计来这样运转的。”

“因此，只要他们高兴，中央银行就能够策划增长和通货膨胀吗?”苏格拉底问道。

“中央银行并非全能。他们并不能按照意愿策划增长和通货膨胀。但是，他们确实有影响这两个变量的工具。

但是要记住，中央银行通常不会控制长期利息率。长期利息率一般由公司、政府和个人的借贷活动所决定。

不过，一旦中央银行设定了短期利息率的水平，在某种程度上，就会渗透到长期借贷到期日的利息率。

通过货币政策，中央银行就对利息率定下了一般的调子。”

“就像指挥尝试定下节奏吗?”苏格拉底问道。

“在某种意义上说，是这样的。当猫国或狗国的中央银行设定了短期利率水平时，它就影响其经济的心跳和轨迹。”

“我明白了。但是，回到我们谈话的开端，中央银行与我的投资有怎样的关联呢?”苏格拉底问道。

“经济增长和通货膨胀的各种组合会影响中央银行改变短期利率的方向。当中央银行改变短期利率水平时，它也会影响投资的价值。”

“短期利率会怎样影响我的投资呢?”

“对于债券而言，答案应该是非常直截了当的。

占主导的利息水平会影响投资者在贷出资金时要求的回报率。因此，它会影响债券的收益率，即投资者贷款给政府和公司所要求的回报率。

因此，当经济中的一般利息率水平改变时，债券价格也跟着变化。

当经济增长和通货膨胀放缓时，中央银行更有可能会进行干预，降低利息率来刺激经济。当利息率预期会下降时，债券价格就会上涨。

相反，债券在一个增长过热和通货膨胀不断上涨的环境中表现得很差。一是因为，中央银行可能会提高利率来对需求降温和冷却通货膨胀的步伐，而债券的价格在利息率预期上升时会下降。

二是因为，如果中央银行未能控制住通货膨胀，债券就会看到其未来的固定报酬额的真实价值被快速的通货膨胀侵蚀。”

“我明白了中央银行如何影响债券价格。股票怎样呢?”

“对于股票而言，联系更加微妙，但依然是真实的。

作为一种资产类型，股票一般在经济增长预期会改善时表现良好。基本的假设是，公司能够获取加速增长的好处，因为消费者变得更加富有，会购买更多的产品。

当中央银行调节利率水平时，他们影响经济增长的轨迹，因此也会影响公司的未来利润。

不过，更加微妙的事情也发生在此过程中。如果您还记得，当我们在锁匠炸毁门的那天谈论股票时，我们曾说，股票的价格是对公司未来利润的价值的反映。但是，由于时间就是金钱，遥远的利润不如近处的利润更有价值。与更早的利润相比，遥远的利润需要贬值，以便反映降低的价值。”

“我记得这样说过。”苏格拉底说。

“利息率度量时间的价格。它们代表了投资者在不同的投资期要求的回报率。

因此，占主导地位的利率越高，时间的价格也就越高。当我们评估股票的公允价格时，我们就越要对远期的期望利润进行贬值。

这就是为什么，在所有未来预期的股利相等的条件下，更高的利率压低股票价格的原因。反之，较低的利率会抬高股票价格。

股票不仅对公司的未来利润敏感，而且也对利率环境敏感。”

“我懂啦。”苏格拉底说。

“为什么对货币政策是如何运行的理解很重要的原因是这样的。当我们意识到中央银行试图实现什么时，我们就能更多地理解特定的资产价格是如何对新闻、事件和经济数据起反应的。

中央银行影响利息率，而利息率反过来影响资产价格。”

“而投资就是要领先一步。”苏格拉底补充道。

“投资关乎预期。所以，投资者的部分游戏就是评估中央银行在经济条件变化时，是如何调整利息率的。”

“房产如何呢？”苏格拉底问道。

“房地产很有趣，看一看这个象限，不同的动力学在起作用。

利息率的水平影响抵押贷款的成本。较低的利息率意味着可更廉价地获得住房。但是有趣的是，当利息率在中央银行的影响下降时，这也是经济增长放缓的时候。这也与人们感觉到更少富裕来买房的时候相一致。

所以，总的来说，房产价格与其说从下降的利率中获益更多，不如说从扩张的经济和更强劲有力的就业环境中获益更多。此时，猫们会感觉更富有，可以配置资金去买房产或者能够支付更高的房租。当投资者将实体企业的投资看作是一个比持有现金更安全的保值方式，而且建筑材料不断上升的成本使现有的房产变得相对更有吸引力时，房地产也可能在加速通货膨胀时期表现得很好。”

“商品呢？”

“商品的价格一般会与经济周期相关。例如，狗国经济最近的快速增长刺激了原材料的需求。当生产跟不上时，这就加剧了它们的相对稀缺。

商品的价格也倾向于在通货膨胀时期，特别是在通货膨胀来自原材料的强劲需求或更高的能源价格时上涨。商品价格的一个重要组成部分实际上是在采掘、生产和运输商品从其来源的地方到其所使用的地方过程中消费的能源。”

“您提到其他保值方式了吗?”

“其他保值方式一般在极端的时期会升值。

当经济快速向前飞奔，过量的货币寻找安全港湾之时，它们的价格就会上涨。想一想大富翁们在经济狂热的时候是如何竞标艺术品的。

另外，当投资者在非常不确定的时期寻找保护其财富的方式时，其他保值方式的价格会上涨。不管这种不确定是通货膨胀的威胁，或者对政治和金融机构的信任处于脆弱的时候，或者对货币的信心蒸发殆尽时，都是如此。例如，不像货币，黄金的数量就非常有限。这一点赋予黄金以价值。”

苏格拉底看着盖世猫在餐巾纸上画的图。“因此，确实看起来是不同的资产类型对不同类型的经济环境反应不同。”

“这个季节象限也解释了，为什么不同资产类型的相关性看起来随着时间而变化。

比如说，我们有时听到一种误解，认为股票和债券的价格应该朝着相反的方向变动。当股票价格上涨时，债券价格据说会下跌。但是，我们经常观察到这不是一个一贯的关系。

资产类型的相关性在时间的变化中并不稳定。这并不是因为两种据说相关的资产类型的相关性突然崩溃了。资产类型从一开始就彼此不相关。

相反，它们与基础的经济状况相关。当基础的经济状况改变时，不同的资产类型对那些新的状况反应不同。

这就是为什么选择您的资产配置的关键在于，理解特定资产表现好的环境。”

“那么，现在什么样的资产配置是合适的呢？”

“您看，苏格拉底，季节并不是关于目前占主导地位的经济状况的事情。它们并不是关于增长与通货膨胀的当前混合。季节是关于通货膨胀和增长的加速与加速的预期的事情。再一次说，它是关于预期的事情。

因此，有两种可能的情形。或者我们对接下来即将发生的事情有一个良好的预期。在这种情况下，我们就可以在我们预期将会表现最佳的资产类型中选择投资。或者我们谦卑地承认，我们什么也不知道。在这种情况下，我们需要将投资多样化。”

盖世猫将餐巾纸递给了苏格拉底。“我们明天可以会见最后一次吗？”

20

控制支出①

费用与通货紧缩

THE CAT &
THE BANKER

① “控制支出”（Kill Bills）是一种比较简单的支付控制应用软件，适合于那些不想用笔记本、工作表等高级财务控制的人使用。它包括账单支付的金额、到期日、转账机构和说明，将账单分为总表、过期账单、应付账单和已付账单四部分。——译者注

当盖世猫到达时，苏格拉底已经在咖啡馆啦。盖世猫对他的迟到表示歉意：“对不起，我试图削减我的费用支出。我今天是走路过来的。”

“请不必道歉。”

“我们已经包罗万象地讨论了很多。”盖世猫一边说着，一边拉过一把椅子坐下。“您现在应该已经意识到，我的目标不是决定如何处置您继承下来的钱。相反，我们的谈话应该给您一个简单的框架。因此，您可以问您的顾问一些关注的问题，以便做出更好的投资决策。

而且，我不再在小猪行工作。我没有任何东西要卖给您。而您亲自体验到不要盲目信任投资专业人士的权威。在预期未来要拥有什么的领域之中，没有任何人知道。

决定在未来如何投资就是要冒预料不到的风险，而这不容易。但是，为了给您自己一个先行优势，有些事情您可以做。这是一个简单的习惯问题。”

“这是什么呢？”

“控制您的费用和少花钱，有时比竭力多挣钱更有效。

许多投资的焦点都集中在我们可能会得到什么。不过，关注我们可能会节省的成本也是很重要的。

费用最小化
检查表

当心：

- ☑ 交易成本
- ☑ 基金费用
- ☑ 税收

（您支付的费用越少，可以为您自己再投资的资金就越多）

“您在想的是什么成本呀?”

“服务费是投资的重要部分。我们对投资服务支付服务费。这包括财务咨询、买卖服务以及管理我们的资金的服务。我们或者提前支付它们，或者让它们从我们的回报中扣除。但是，服务费对投资绩效的累计影响可能会很大。

还记得投资回报随着时间的增长是如何滚雪球的吗？我们支付的服务费就是我们既不能再投资，也不能作为我们滚雪球的回报。因此，我们需要竭尽全力让我们支付的服务费尽可能最小化。”

“我应该了解什么服务费呢?”苏格拉底问道。

“第一种服务费就是交易成本。

当您买卖股票、债券、货币、房地产、收藏品等时，您可能不得不向经纪人、银行家和代理人支付交易成本。每当您交易进投资产品和交易出投资产品，成本就会增加。因此，要预先权衡您的投资决策，以便避免超出必要的频繁交易。

第二种服务费是基金费用。

如果您决定投资基金，基金经理会收取管理资金的费用。基金的费用结构一般而言是经常性的管理费和有时业绩费用的混合，而经常性的管理费就是基金对您给他们的资金进行管理所收取的费用，不管最终的业绩如何。业绩费有点像是给基金经理支付的奖金，以便奖励其良好的管理。它与超出预先约定的临界值的基金回报率多少成比例。我们在基金的文档中寻找的信息就是‘总费用比率’。它是基金对监督管理您的资金而按照您投资的资金所定期收取的一个百分比。

最后，留心您的费用意味着关注您缴纳的税收。

最优化您的税收就是节省那些反而能为您赚钱的宝贵资金的一种被低估的方法。要注意不同类型的投资的收入和资本利得是如何被征税的。

您支付的服务费和税收越少，您可以为您自己再投资的资金就越多。”

“我可以再问您一个问题吗?”

盖世猫在他的椅子上放松了一下说。“当然可以，问吧。”

“在我们早期会见中，似乎有这个基础的假设：经济中有通货膨胀。

但是听最近的消息说，似乎通货紧缩而不是通货膨胀可能会变成新常态。有可能的是，如果我理解正确的话，我们可能会经历较长时期的价格下跌，以及可能的增长放慢。这会如何影响投资框架呢?”

“很高兴您问的这个问题。您知道，技术的改进让公司能用更少的投入生产更多的产出。在某些情况下，它会侵蚀薪酬和公司的利润边际。因此，在技术改进和缓慢的人口增长之间，我们不排除猫国可能会经历价格处于可持续下降通道的阶段。

第一件该知道的事情是，这并不会证伪我们在先前对投资所说的一切。股票、债券、房地产、外汇、商品和收藏品仍然按照相同的方式运行。

在通货紧缩时期所改变的是，随着时间的流逝，现金变得更有价值了。因此，随着其购买力在时间中的增加，持有现金在通货紧缩时期就是一个好的投资。

第二件该知道的事情是，管理资金的挑战依然不变。只要这些资产比负的通货膨胀做得更好，在其他资产类型而不是在现金中投资依然是合理的。只要投资提供的回报率在负的通货膨胀率之上，与您的储蓄在今天的购买力相比，它们就会增加您的财富。”

盖世猫以一种不祥的方式看着天空。“但是，我们需要在通货紧缩时期牢牢记住一件事。这就是金融当局和中央银行的反应。

潜在地伴随负的通货膨胀的事情就是负利息率。负利率只是极端低利率的一种形式，用以刺激需求和尝试强力地启动经济增长。负利率意味着，贷款人向贷给他们资金的借款人支付利息，而借款人则因借款而获得利息。”

苏格拉底抓了抓他的头。

“奇怪，是吗？”盖世猫说。“在某个时点，存款人可能会被要求对他们留在银行的储蓄支付利息。这里的问题是，存款人很难接受它。

如果这样的事情发生了，我们就会看到存款人从银行取走他们的钱，以避免对其存款支付利息并保护他们货币的价值。

储蓄者和投资者会在传统的金融制度之外的真实有形资产中寻找储藏他们财富的其他方式。

但是，这样的银行挤兑可能会冒着引起金融不稳定性的风险，因为它们可能会诱发一些银行倒闭。因此，像政府和中央银行这样的当局可能会尝试他们所能做的一切来阻止这样的事发生。相信我，他们可能会别出心裁。

他们可能会以这样或那样的形式让目前的货币非法。他们可能引入一种带有到期日的新货币，如此我们就会在收到它之后被迫快速地将它花完。他们可能会让纸币难以获得，以至于所有的支付方式都必须是电子的。这是一种锁住金融系统并阻止存款者提取现金的完美方式。或者，他们仅仅限制现金的提取，以至于存款者别无选择，只能接受强加在银行系统上的负利率。”

“如果那样的事情发生了，怎么办呢？”苏格拉底问道。

“做好准备，先行一步。”盖世猫回答。

“结构性的通货紧缩是未获得许可的领域。但是，这就是我们为什么要谈论权变计划的原因。我们说过，当金融系统崩溃时，这是一个在传统金融体系之外投资的例子。一个谨慎的投资者不仅要多样化，而且也要想一想在他的组合中有一些其他的保值方式。”

苏格拉底努力保持平静。然后，他问道：“您有一些资产配置的例子吗？”

盖世猫叫了一声服务员，问他是否可以使用黑板，而他们还没有在上面书写今天的菜单。服务员同意了，并拿来几支粉笔。

投资组合配置：举例

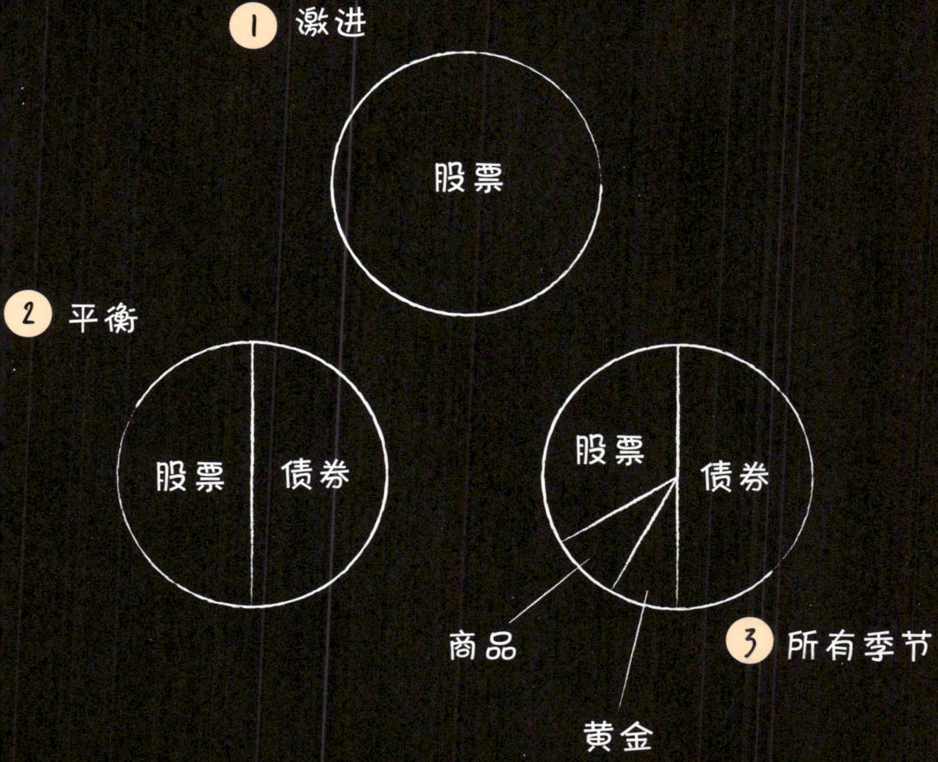

盖世猫在黑板上画了三幅饼状图。他说："这是三个投资组合配置的例子。"

第一幅饼状图上写着"股票"。盖世猫说："完全配置给股票的投资组合是非常激进的。它不仅强烈地需要经济的改善相配合，而且也因为缺乏多样化而不稳定。但是，有些投资者极其信赖它，特别是如果他们的目标是其资本的长期增长更是如此。"

第二幅图在中间分开，50% 是股票，50% 是债券。"第二种配置是平衡投资组合的一个例子。分配给股票和债券的同样权重，不仅提供了一个增长和收入的平衡，而且提供了对原始投资资本的某些保护。这个投资组合不会免于向下波动，但是这样一个组合的波动会比只有股票的配置更平滑一些，因为更大的多样化使回报稳定。"

"第三幅图怎样呢？"苏格拉底问道。

"第三幅饼状图有四个部分：50% 的债券，30% 的股票，10% 的黄金和 10% 的商品。"盖世猫说："这可能是一个'所有季节'的投资组合例子。这里的想法是，不同的资产类型对不同类型的经济天气进行反应。因此，这样一个投资组合适合于应对一系列更广泛的情形。"

"我应该固守这些图形中的一种吗？"苏格拉底问道。

"这些只是例子，并没有一刀切的答案。这些权重要根据投资目标、个人状况以及个人预期的进行季节调整。无论如何，这些图形是与专业顾问进行约定或者在询问自己的相关问题时的第一批谈话的好材料。

投资与其说是科学，倒不如说是艺术。但是，基本的原理仍然不变，在不同资产类型中多样化减少了集中在错误配置中的可能性。

最后，资产配置可以如您希望得那样复杂，也如您希望得那样简单。但是，如果您要保持简单，您也可能会节省服务费。

一旦您决定了您认为适合于您的配置，不要一次投资您所有的储蓄。分步投入，随着时间的增长，慢慢地，一点一点来，您就会将您的财富配置到期望的比例。”

“一旦我的储蓄配置啦，我还有其他要做的事吗?”苏格拉底问道。

“如果您仍然对您的配置感到满意，偶尔再平衡您的投资组合。再平衡意味着，定期地卖出或者买进一些资产，以便确保随着时间的流逝，您的配置权重仍然保持在期望的比例附近。

机械地说，如果您对它什么也不做，合理的配置将随着时间的变化将会变成您的投资组合的较大部分，而表现较差的配置将会变成较小的一个百分比。”

苏格拉底点了点头。

21

尾声

您得做您该做的事情

THE CAT & THE BANKER

盖世猫向服务员招了招手，要求结账。

“让我来结账。”苏格拉底说。

盖世猫点头表示感谢。

“这之后您要做什么呢?”苏格拉底问道。

“不知道。也许，我要向您学习设计?”

苏格拉底笑了起来。“我可以再问您一件事吗?”

“永远可以。”

“我占用了您很多时间，而您却没有要求任何东西作为回报。您是为了什么呀?”

盖世猫微笑起来。

“并非所有的一切都关乎利益，我的朋友。”他说。

“那是什么呀?”

“善事也像滚雪球一样。”

致　谢

在此之际，我要非常感谢您们的信任投票、宽宏大量、信仰之跃、鼓励的言辞、反馈意见以及灵感。没有您们，该书很难与读者顺利见面。《猫和银行家》的完成要特别感谢以下诸位：

Attila Achenbach, Devika Agarwal, Kenneth Akintewe, Zahia Allain, Bernise Ang, Chow Yang Ang, Karina Anggono, Karin Aue, Sebastien Auvray, Graham Bibby, Isobel Black, Cecile Boiron, Ivonne Bojoh, Magali Bonnier, Thomas Boquien, Arnaud Bourrut Lacouture, Troy Bowler, Rachel Bravard Burke, Laurent Brighel, Celine Bulard, Ye Cao, Aimee Carmichael, Sharon Casey, Claire Castera, Nick Cheong, Kit Eng Cho, Thu Ha Chow, Andrea Coiro, Lee Constantine, Jean – Philippe Crochet, Virgina Cuevas, François de Moulliac, Sebastien de Peretti, Sophie de Thore, Thomas Decant, Olivier Desbarres, Philipp Diekhöner, Brett Diment, Xiao Ding, Bill Diviney, Guillaume Faure, Chengyan Feng, Thomas Flichy, Giorgio Fossi,

Oliver Garcia Machin, Fabien Gerbron, YenalGhori, Colin Godbarge, Hui Hoon Goh, Joanne Goh, Jethro Goodchild, Krishna Goradia, Thomas Gorissen, Matt Grandvallet, Neary Guenin, Patrice Guesnet, Sarah Guilloto, Murat Gunc, Edwin Gutierrez, Damien Hamon, Marcel Heijnen, Tareck Horchani, Robert Hostetter, Yebi Hu, Thierry Huret, Anne Ioos, Manami Ishii, Moyeen Islam, MateiIurascu, Bassam Jabry, Emmanuel Jacomy, Lucienne Jallabert, Tom Jennings, Søren Skov Jensen, Marie – Catherine Jensen, Zhengping Jiang, Mélanie Job, Shalom Joseph, Grace Juhn, Vaibhav Kamble, Sean Kelly, Thomas Kemmsies, Fleur Khalil, Karen Khoo, Rak Kim, Wil Kolen, Angela Kuek, Matthieu Lauras, Mathieu Lebrun, Mei Lin Lee, Sandra Faustina Lee, Sharon Lee, Clemence Le Floch, Christophe Legaret, Yves &AndréeLegaret, Jeanine & Etienne Le Garrec, Fabrice Le Geldon, Françoise Le Jannou, Bertrand Le Nezet, Cassandra Leong, Jeff Leung, Roger & Danielle Le Quere, Angele Le Quere-Mehadji, Laurent Levy, Raphael Levy, Guillaume Levy – Lambert, Kyoka Li, Oka Li, Benjamin Liang, Samuel Lim, Han Lin, Kristl Lin, Aaron Xiyue Liu, Aijing Liu, Jin Liu, Widelia Liu, James Lockard, Nicholas Loke, Khashayar Lotfizadeh, Edmund Low, Xinliang Lu, Lin Luo, Harold Ma, Mariko Magnan, Gyanesh Maheshwar, Rupa Majumdar, Jim Malone, Mikael Marguerie, Caroline Mars, Bernard Martelly, Erwin Mayer, Christophe Mayol, Adam McCabe, Kada Mehadji, Nora Mehadji, Emma Meheust, Sherry Mei,

Vinod Menon, Olivier Mermet, James Mernagh, Florian Mezy, Romain Michalon, Daryl Mok, Dawn Mok, Christophe Monier, Kailas Moorthy, Djedid Mouhoussoune, Eleonore Mouy, Karim Mrani Alaoui, Andrew Narracott, Melvin Neo, Alexander Ng, Hui Hsien Ng, Joyce Ng, WaiChung Ng, Alfredo Noriega, Jasmeet Notay, Lara Odusanya, Jae – Eun Oh, Mae Ong Gmira, Radhika Pandya, Sejin Park, Martin Pasquier, Hamish Pepper, Claude Pfersdorff, Benoît Pinatelle, Thomas Poinsu, Trevor Pugh, Swati Raghupathy, Max Ruzenberg, Francisco Sacristan, Yoann Sapanel, Neil Schofield, Liana Seah, Omar Selim, Guillaume Servajean, Adeline Setiawan, Muj Sheikh, Tina Shen, Daren Shiau, KJ Sinha, Prakriti Sofat, Jie Song, Paul Stuart, Suhaila Suboh, Sophia Susanto, Kevin Talbot, Guat Kheng Tan, Simon Tan, Gael Tang, David Teeters, Jeremy Teng, Jelly Teo, Bernard Terrill, Charles Tessier, Marilyn Tjitra, Soon Ju Tok, Tamara Trinh, Erica Truong, Esther Tsang, Sze Tsoi, Robin Ucelli, Marnie Uy, Patrick van Dam, Hans van der Putten, Edo van Dijk, Geert van Kuijk, Per van Spall, Julien Vergues, Mathieu Verlaet, Guillaume Viel, Thorsten Vieth, Guy Vincent, Varong Vongsinudom, Mark Vreeswijk, Amandine Wang, Lai Wei, Tom White, Erly Witoyo, Dan Wong, Simon Wong, Glen Woodmansee, ShyueWoon, Danqing Wu, Echo Qie Yang, Jahan Yang Mehadji, Kaitlyn Yang, Ruishi Yang, MurniYanti, Li Li Yeo, Joanne Yip, Debby Yu, Si Qi Yuen, Smaïn Zemmerli, Mu Yang Zhang, Tong Zhao and Juemin Zhu.